新兴产业和高新技术现状与前景研究丛书

总主编 金 碚 李京文

软件产业
现状与发展前景

原 磊 陈小红 尹冰清 邹宗森 编著

RUANJIAN CHANYE
XIANZHUANG YU FAZHAN QIANJING

SPM
南方出版传媒
广东经济出版社
·广州·

图书在版编目（CIP）数据

软件产业现状与发展前景／原磊等编著．—广州：广东经济出版社，2015.5

（新兴产业和高新技术现状与前景研究丛书）

ISBN 978-7-5454-3995-3

Ⅰ．①软… Ⅱ．①原… Ⅲ．①软件产业-产业发展-研究-中国 Ⅳ．①F426.67

中国版本图书馆 CIP 数据核字（2015）第 097897 号

出版发行	广东经济出版社（广州市环市东路水荫路 11 号 11~12 楼）
经销	全国新华书店
印刷	中山市国彩印刷有限公司 （中山市坦洲镇彩虹路 3 号第一层）
开本	730 毫米×1020 毫米　1/16
印张	12
字数	209 000 字
版次	2015 年 5 月第 1 版
印次	2015 年 5 月第 1 次
书号	ISBN 978-7-5454-3995-3
定价	30.00 元

如发现印装质量问题，影响阅读，请与承印厂联系调换。
发行部地址：广州市环市东路水荫路 11 号 11 楼
电话：(020) 38306055　37601950　邮政编码：510075
邮购地址：广州市环市东路水荫路 11 号 11 楼
电话：(020) 37601980　邮政编码：510075
营销网址：http://www.gebook.com
广东经济出版社常年法律顾问：何剑桥律师
·版权所有　翻印必究·

"新兴产业和高新技术现状与前景研究" 丛书编委会

总 主 编：金　碚　中国社会科学院工业经济研究所原所长、
　　　　　　　　　学部委员
　　　　　李京文　北京工业大学经济与管理学院名誉院长、
　　　　　　　　　中国社会科学院学部委员、中国工程院院士
副 主 编：向晓梅　广东省社会科学院产业经济研究所所长、
　　　　　　　　　研究员
　　　　　阎秋生　广东工业大学研究生处处长、教授
编　　委：
　　　　　张其仔　中国社会科学院工业经济研究所研究员
　　　　　赵　英　中国社会科学院工业经济研究所工业发展
　　　　　　　　　研究室主任、研究员
　　　　　刘戒骄　中国社会科学院工业经济研究所产业组织
　　　　　　　　　研究室主任、研究员
　　　　　李　钢　中国社会科学院工业经济研究所副研究员
　　　　　朱　彤　中国社会科学院工业经济研究所能源经济
　　　　　　　　　研究室主任、副研究员
　　　　　白　玫　中国社会科学院工业经济研究所副研究员
　　　　　王燕梅　中国社会科学院工业经济研究所副研究员
　　　　　陈晓东　中国社会科学院工业经济研究所副研究员
　　　　　李鹏飞　中国社会科学院工业经济研究所资源与环境
　　　　　　　　　研究室副主任、副研究员

原　磊	中国社会科学院工业经济研究所工业运行研究室主任、副研究员
陈　志	中国科学技术发展战略研究院副研究员
史岸冰	华中科技大学基础医学院教授
吴伟萍	广东省社会科学院产业经济研究所副所长、研究员
燕雨林	广东省社会科学院产业经济研究所研究员
张栓虎	广东省社会科学院产业经济研究所副研究员
邓江年	广东省社会科学院产业经济研究所副研究员
杨　娟	广东省社会科学院产业经济研究所副研究员
柴国荣	兰州大学管理学院教授
梅　霆	西北工业大学理学院教授
刘贵杰	中国海洋大学工程学院机电工程系主任、教授
杨　光	北京航空航天大学机械工程及自动化学院工业设计系副教授
迟远英	北京工业大学经济与管理学院教授
王　江	北京工业大学经济与管理学院副教授
张大坤	天津工业大学计算机科学系教授
朱郑州	北京大学软件与微电子学院副教授
杨　军	西北民族大学现代教育技术学院副教授
赵肃清	广东工业大学轻工化工学院教授
袁清珂	广东工业大学机电工程学院副院长、教授
黄　金	广东工业大学材料与能源学院副院长、教授
莫松平	广东工业大学材料与能源学院副教授
王长宏	广东工业大学材料与能源学院副教授

总　　序

人类数百万年的进化过程，主要依赖于自然条件和自然物质，直到五六千年之前，由人类所创造的物质产品和物质财富都非常有限。即使进入近数千年的"文明史"阶段，由于除了采掘和狩猎之外人类尚缺少创造物质产品和物质财富的手段，后来即使产生了以种植和驯养为主要方式的农业生产活动，但由于缺乏有效的技术手段，人类基本上没有将"无用"物质转变为"有用"物质的能力，而只能向自然界获取天然的对人类"有用"之物来维持低水平的生存。而在缺乏科学技术的条件下，自然界中对于人类"有用"的物质是非常稀少的。因此，据史学家们估算，直到人类进入工业化时代之前，几千年来全球年人均经济增长率最多只有 0.05%。只有到了 18 世纪从英国开始发生的工业革命，人类发展才如同插上了翅膀。此后，全球的人均产出（收入）增长率比工业化之前高 10 多倍，其中进入工业化进程的国家和地区，经济增长和人均收入增长速度数十倍于工业化之前的数千年。人类今天所拥有的除自然物质之外的物质财富几乎都是在这 200 多年的时期中创造的。这一时期的最大特点就是：以持续不断的技术创新和技术革命，尤其是数十年至近百年发生一次的"产业革命"的方式推动经济社会的发展。① 新产业和新技术层出不穷，人类发展获得了强大的创造能力。

---

① 产业革命也称工业革命，一般认为 18 世纪中叶（70 年代）在英国产生了第一次工业革命，逐步扩散到西欧其他国家，其技术代表是蒸汽机的运用。此后对世界所发生的工业革命的分期有多种观点。一般认为，19 世纪中叶在欧美等国发生第二次工业革命，其技术代表是内燃机和电力的广泛运用。第二次世界大战结束后的 20 世纪 50 年代，发生了第三次工业革命，其技术代表是核技术、计算机、电子信息技术的广泛运用。21 世纪以来，世界正在发生又一次新工业革命（也有人称之为"第三次工业革命"，而将上述第二、第三次工业革命归之为第二次工业革命），其技术代表是新能源和互联网的广泛运用。也有人提出，世界正在发生的新工业革命将以制造业的智能化尤其是机器人和生命科学为代表。

当前，世界又一次处于新兴产业崛起和新技术将发生突破性变革的历史时期，国外称之为"新工业革命"或"第三次工业革命""第四次工业革命"，而中国称之为"新型工业化""产业转型升级"或者"发展方式转变"。其基本含义都是：在新的科学发现和技术发明的基础上，一批新兴产业的出现和新技术的广泛运用，根本性地改变着整个社会的面貌，改变着人类的生活方式。正如美国作者彼得·戴曼迪斯和史蒂芬·科特勒所说："人类正在进入一个急剧的转折期，从现在开始，科学技术将会极大地提高生活在这个星球上的每个男人、女人与儿童的基本生活水平。在一代人的时间里，我们将有能力为普通民众提供各种各样的商品和服务，在过去只能提供给极少数富人享用的那些商品和服务，任何一个需要得到它们、渴望得到它们的人，都将能够享用它们。让每个人都生活在富足当中，这个目标实际上几乎已经触手可及了。""划时代的技术进步，如计算机系统、网络与传感器、人工智能、机器人技术、生物技术、生物信息学、3D 打印技术、纳米技术、人机对接技术、生物医学工程，使生活于今天的绝大多数人能够体验和享受过去只有富人才有机会拥有的生活。"①

在世界新产业革命的大背景下，中国也正处于产业发展演化过程中的转折和突变时期。反过来说，必须进行产业转型或"新产业革命"才能适应新的形势和环境，实现绿色化、精致化、高端化、信息化和服务化的产业转型升级任务。这不仅需要大力培育和发展新兴产业，更要实现高新技术在包括传统产业在内的各类产业中的普遍运用。

我们也要清醒地认识到，20 世纪 80 年代以来，中国经济取得了令世界震惊的巨大成就，但是并没有改变仍然属于发展中国家的现实。发展新兴产业和实现产业技术的更大提升并非轻而易举的事情，不可能一蹴而就，而必须拥有长期艰苦努力的决心和意志。中国社会科学院工业经济研究所的一项研究表明：中国工业的主体部分仍处于国际竞争力较弱的水平。这项研究把中国工业制成品按技术含量低、中、高的次序排列，发现国际竞争力大致呈 U 形分布，即两头相对较高，而在统计上分类为"中技术"的行业，例如化工、材料、机械、电子、精密仪器、交通设备等，国际竞争力显著较低，而这类产业恰恰是工业的主体和决定工业技术整体素质的关键基础部门。如果这类产业竞争力不

---

① 【美】彼得·戴曼迪斯，史蒂芬·科特勒. 富足：改变人类未来的 4 大力量. 杭州：浙江大学出版社，2014.

强，技术水平较低，那么"低技术"和"高技术"产业就缺乏坚实的基础。即使从发达国家引入高技术产业的某些环节，也是浅层性和"漂浮性"的，难以长久扎根，而且会在技术上长期受制于人。

中国社会科学院工业经济研究所专家的另一项研究还表明：中国工业的大多数行业均没有站上世界产业技术制高点。而且，要达到这样的制高点，中国工业还有很长的路要走。即使是一些国际竞争力较强、性价比较高、市场占有率很大的中国产品，其核心元器件、控制技术、关键材料等均须依赖国外。从总体上看，中国工业品的精致化、尖端化、可靠性、稳定性等技术性能同国际先进水平仍有较大差距。有些工业品在发达国家已属"传统产业"，而对于中国来说还是需要大力发展的"新兴产业"，许多重要产品同先进工业国家还有几十年的技术差距，例如数控机床、高端设备、化工材料、飞机制造、造船等，中国尽管已形成相当大的生产规模，而且时有重大技术进步，但是，离世界的产业技术制高点还有非常大的距离。

产业技术进步不仅仅是科技能力和投入资源的问题，攀登产业技术制高点需要专注、耐心、执着、踏实的工业精神，这样的工业精神不是一期一夕可以形成的。目前，中国企业普遍缺乏攀登产业技术制高点的耐心和意志，往往是急于"做大"和追求短期利益。许多制造业企业过早走向投资化方向，稍有成就的企业家都转而成为赚快钱的"投资家"，大多进入地产业或将"圈地"作为经营策略，一些企业股票上市后企业家急于兑现股份，无意在实业上长期坚持做到极致。在这样的心态下，中国产业综合素质的提高和形成自主技术创新的能力必然面临很大的障碍。这也正是中国产业综合素质不高的突出表现之一。我们不得不承认，中国大多数地区都还没有形成深厚的现代工业文明的社会文化基础，产业技术的进步缺乏持续的支撑力量和社会环境，中国离发达工业国的标准还有相当大的差距。因此，培育新兴产业、发展先进技术是摆在中国产业界以至整个国家面前的艰巨任务，可以说这是一个世纪性的挑战。如果不能真正夯实实体经济的坚实基础，不能实现新技术的产业化和产业的高技术化，不能让追求技术制高点的实业精神融入产业文化和企业愿景，中国就难以成为真正强大的国家。

实体产业是科技进步的物质实现形式，产业技术和产业组织形态随着科技进步而不断演化。从手工生产，到机械化、自动化，现在正向信息化和智能化方向发展。产业组织形态则在从集中控制、科层分权，向分布式、网络化和去中心化方向发展。产业发展的历史体现为以蒸汽机为标志的第一次工业革命、以电力和自动化为标志的第二次工业革命,到以计算机和互联网为标志的第三次工业革命,再到以人工智能和生命科学为标志的新工业革命(也有人称之为"第四次工业革命")的不断演进。产业发展是人类知识进步并成功运用于生产性创造的过程。因此,新兴产业的发展实质上是新的科学发现和技术发明以及新科技知识的学习、传播和广泛普及的过程。了解和学习新兴产业和高新技术的知识,不仅是产业界的事情,而且是整个国家全体人民的事情,因为,新产业和新技术正在并将进一步深刻地影响每个人的工作、生活和社会交往。因此,编写和出版一套关于新兴产业和新产业技术的知识性丛书是一件非常有意义的工作。正因为这样,我们的这套丛书被列入了2014年的国家出版工程。

我们希望,这套丛书能够有助于读者了解和关注新兴产业发展和高新产业技术进步的现状和前景。当然,新兴产业是正在成长中的产业,其未来发展的技术路线具有很大的不确定性,关于新兴产业的新技术知识也必然具有不完备性,所以,本套丛书所提供的不可能是成熟的知识体系,而只能是形成中的知识体系,更确切地说是有待进一步检验的知识体系,反映了在新产业和新技术的探索上现阶段所能达到的认识水平。特别是,丛书的作者大多数不是技术专家,而是产业经济的观察者和研究者,他们对于专业技术知识的把握和表述未必严谨和准确。我们希望给读者以一定的启发和激励,无论是"砖"还是"玉",都可以裨益于广大读者。如果我们所编写的这套丛书能够引起更多年轻人对发展新兴产业和新技术的兴趣,进而立志投身于中国的实业发展和推动产业革命,那更是超出我们期望的幸事了!

金　碚

2014年10月1日

目 录

第一章 软件服务业基础知识 ………………………………………… 001
 一、软件服务业的概念与特征 ……………………………………… 001
 二、国内外软件服务业分类比较 …………………………………… 006
 三、软件产业链和软件产业的演进 ………………………………… 010
 四、服务外包——软件服务业的新增长点 ………………………… 014

第二章 全球软件服务业的发展现状和趋势 …………………………… 019
 一、全球软件服务业的发展现状 …………………………………… 019
 二、主要国家软件服务业的发展状况与经验借鉴 ………………… 027
 三、全球软件服务业的发展趋势判断 ……………………………… 035

第三章 软件服务业产业政策 …………………………………………… 041
 一、产业政策基础知识 ……………………………………………… 041
 二、软件产业政策的理论依据 ……………………………………… 043
 三、世界软件大国的产业政策 ……………………………………… 045
 四、中国的软件产业政策 …………………………………………… 050

第四章 国内外知名软件企业分析 ……………………………………… 067
 一、微软公司 ………………………………………………………… 067
 二、IBM 公司 ………………………………………………………… 072
 三、Oracle 公司 ……………………………………………………… 077
 四、华为公司 ………………………………………………………… 085

五、用友公司 ………………………………………………… 092
　　六、中软公司 ………………………………………………… 096
第五章　我国软件服务业的发展状况及发展方向 ……………… 101
　　一、我国软件服务业的发展阶段 …………………………… 101
　　二、我国软件服务业的发展现状 …………………………… 103
　　三、我国软件服务业的竞争状况 …………………………… 115
　　四、我国软件服务业的产业布局 …………………………… 119
　　五、我国软件服务业的发展趋势判断 ……………………… 121
　　六、"十二五"时期我国软件服务业的发展重点 ………… 125
第六章　我国先进地区软件服务业发展的经验与做法 ………… 129
　　一、北京软件服务业发展的经验和主要做法 ……………… 129
　　二、大连软件服务业发展的经验和主要做法 ……………… 133
　　三、上海软件服务业发展的经验和主要做法 ……………… 140
　　四、成都软件服务业发展的经验和主要做法 ……………… 145
附录一　广东软件服务业的发展现状及趋势判断 ……………… 152
　　一、广东省软件服务业的发展现状 ………………………… 152
　　二、广东软件服务业发展的优劣势分析 …………………… 158
　　三、广东软件服务业的发展趋势判断 ……………………… 161
附录二　广东软件服务业的发展思路、重点与对策 …………… 165
　　一、广东软件服务业的发展思路 …………………………… 165
　　二、广东软件服务业的目标定位 …………………………… 166
　　三、广东发展软件服务业的重点领域 ……………………… 168
　　四、广东软件服务业布局 …………………………………… 170
　　五、广东发展软件服务业的政策建议 ……………………… 173
参考文献 …………………………………………………………… 179

第一章 软件服务业基础知识

一、软件服务业的概念与特征

1. 什么是软件服务业

软件是指人们为了告诉计算机要做什么事而编写的、让计算机能够理解的

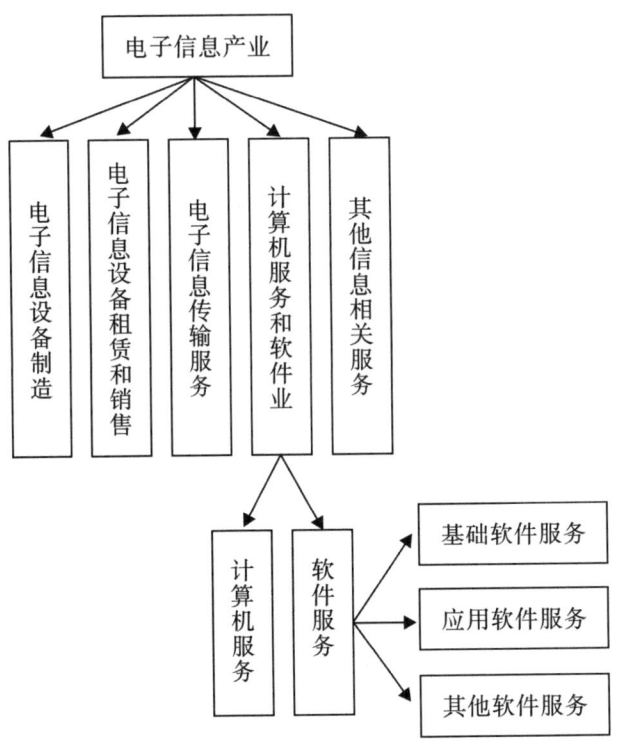

图1-1 软件服务业是电子信息产业的重要组成部分

一串指令,也叫代码或程序。作为人类社会高级发展阶段的劳动产物和智慧结晶,软件不仅具备一般社会商品的固有特征,同时具有一般社会商品所不具备的特有特征形式。这主要表现在四个方面:一是在实物形态方面,软件具有很强的抽象性,不具备形态的可塑性;二是在价值构成方面,软件具有很强的复杂性,人的智慧是软件价值的重要组成部分;三是在使用环境方面,软件具有很强的依赖性;四是在用户特征方面,软件具有很强的针对性[①]。软件产业系指与软件产品和软件服务相关的一切经济活动和关系的总称。软件产业是推动新兴服务业、振兴传统服务业、带动第三产业优化升级的核心力量,它主要提供基于软件的各项服务,包括基础软件服务、应用软件服务和其他软件服务[②]。

(1) 基础软件服务:指为一般计算机用户提供的软件设计、编制、分析、测试及咨询等服务。

表1-1 基础软件服务涵盖的基本内容

基础软件服务	系统软件服务
	数据库软件服务
	网络管理软件服务
	安全及防病毒软件服务
	工具软件服务
	数据库访问软件服务
	远程过程调用、消息、对象、交易、终端仿真等中间软件服务
	通用软件:办公、图像处理、视听制作、游戏等软件服务

(2) 应用软件服务:指为专业领域使用计算机的用户提供软件服务,以及提供给最终用户产品中的软件(嵌入式软件)服务。

[①] 惠瑜,罗光春,李炯. 国内外软件产业发展战略比较研究. 电子科技大学学报(社科版), 2006 (6)

[②] 参考国家统计局《统计上划分信息相关产业暂行规定》国统字〔2003〕83号文件的有关规定

表1-2 应用软件服务涵盖的基本内容

应用软件服务	行业应用软件服务	财务、审计、税务、统计、金融、证券、通信、能源、工业控制、交通等软件服务
	语言处理软件服务	信息检索、文本处理、语言应用、词典、语料库、语言翻译等软件服务
	嵌入式软件服务	含家电、手机、程控交换机、基站等嵌入式软件服务

知识链接

嵌入式软件

嵌入式软件就是嵌入在硬件中的操作系统和开发软件工具,是基于嵌入式系统设计的软件,它也是计算机软件的一种,同样由程序及其文档组成,可细分成系统软件、支撑软件、应用软件三类,是嵌入式系统的重要组成部分。

(3)其他软件服务:指为特定客户提供的软件服务,以及与软件有关的咨询、监督和培训活动。

表1-3 其他软件服务涵盖的基本内容

其他软件服务	为顾客特约开发的各种软件和服务
	软件的咨询、监督和对基础软件使用人员的培训等

2. 软件服务业的特征

软件服务业作为新兴的现代服务业和信息服务业的重要组成部分,一直以来它以技术密集、附加值高、带动面广、低碳环保的特点迅速渗透到国民经济和社会生活的方方面面。

(1)技术密集。软件服务业对技术和智力要素的依赖大大超过其他产业,其最为突出的特点是:技术水平要求高、资源消耗低、更新速度快、依靠技术创新和人才的投入获取利润、产品附加值高。技术密集型的软件服务业是在软件产业价值链升级、各环节的细分而发展起来的。新技术、新组织形态和新商业模式的出现,带动了软件服务业的发展。一方面,软件、网络等新技术的专业化应用形成了新兴服务业。另一方面,软件产业的产业链正在从以加工制造为主向上下游延伸,扩展到研究开发、设计、测试,以及市场开拓、品牌经营、质量安全检测、物流等环节。一些原来由软件企业内部完成的研究开发、工业设计、测试检测等服务逐步独立出来,形成了新的业务。

(2) 附加值高。附加值(Value Added)是附加价值的简称,是在产品的原有价值的基础上,通过生产过程中的有效劳动新创造的价值,即附加在产品原有价值基础上的创造的新价值。软件服务业作为直接因信息化及其他科学技术的发展而产生的新兴服务业,它具有高度智力化、资本化、专业化、效率化的高端服务业,它所提供的数据库访问软件、软件产品专利、技术、品牌,软件的设计、咨询等服务均处于"微笑曲线"的上端,因此软件服务业绝对称得上是附加值颇高的行业。

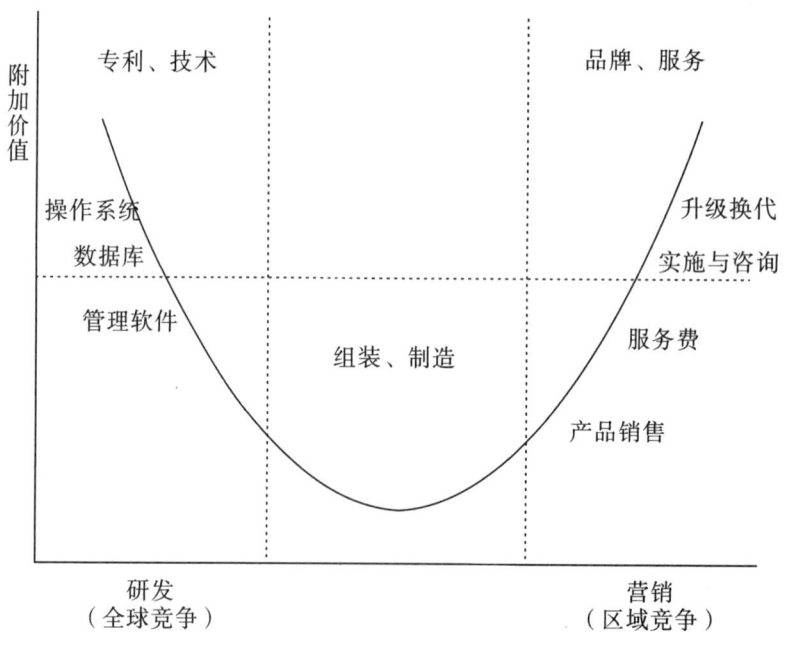

图1-2 微笑曲线——软件服务业的附加价值变化图

(3) 带动面广。软件服务业属于集综合性和专业性于一体的服务业,它的产业关联度高、带动面广。随着软件网络化、服务化发展趋势日益明显,内容与网络、产品与服务、软件与其他行业之间的关联度进一步加深,软件业层出不穷的新技术和新模式带动着并成功地促进其他行业的技术和业务相互融合，软件业的技术广泛且深入地应用于经济社会各个领域。软件服务业对众多行业的带动性体现在诸如家电视听、工业控制、汽车、电子商务、现代通信、医药等众多领域和生产、设计、管理、营销等众多环节。新技术催生的新产品形态又带动了网络、业务、内容和终端的互动发展，软件服务业正加快推动产业模式的变革，也为整个电子信息产业的融合创新带来了机遇。

（4）低碳环保。在软件业逐渐绿色化的今天，软件服务业以其低碳环保的高技术特性正受到越来越多国家的青睐。低碳环保是指在可持续发展理念的指导下，通过技术创新、制度创新、模式创新等手段，从而尽可能地减少煤炭石油等高碳能源消耗，减少温室气体排放，达到一种经济社会发展与生态环境保护双赢的发展形态。软件服务业所涉及的系统软件、支撑软件、应用软件、系统集成解决方案、软件信息服务、嵌入式软件及计算机制造、动漫游戏、多媒体、手机应用软件、网络商务平台、互联网增值服务等多个领域的新技术面貌和新发展态势都呈现出现代服务业低碳环保的高端形态。环境污染小、附加价值高的软件服务业的兴起，一方面是积极承担环境保护的责任，完成国家节能降耗指标的要求；另一方面是提升经济价值，完善软件生态产业链。

知识链接

（1）软件产业。

按照国际惯例，软件业包括软件产品和软件服务两大部分。根据这个定义，软件产业是直接从事计算机软件产品制造或者软件服务活动的企业的集合。软件产业的快速发展，不断产生具有不同性能、形式和内容的新的软件产品、软件服务和需求领域。随着软件服务化趋势的加强，软件产品和软件服务往往很难区分，因此软件产业和软件服务业的内涵与外延也逐渐趋同。

（2）信息服务业。

信息服务业是指以信息资源为基础，利用现代信息技术，对信息进行生产、收集、处理、输送、存储、传播、使用并提供信息产品和服务的产业。根据信息服务业的概念和活动性质，将信息服务业划分为信息传输服务、信息技术服务和信息内容服务三大领域。

二、国内外软件服务业分类比较

1. 我国现行的软件服务业分类

软件服务业在中国属于新兴服务业,我国的软件服务业现行分类主要包含信息系统集成服务、信息技术咨询服务、数据处理和运营服务、嵌入式系统软件服务、IC设计和软件产品的相关服务等,随着时间的改变,其分类的内容也将逐渐趋向丰富与合理。

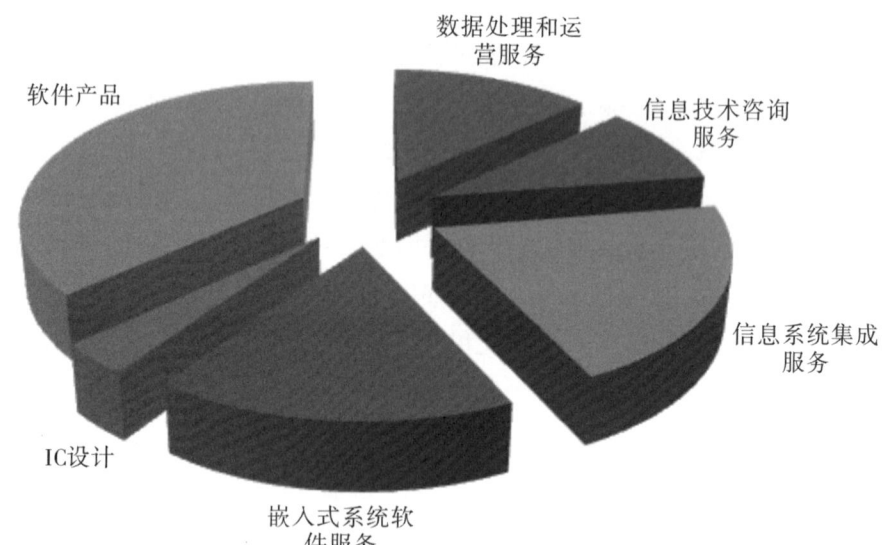

图1-3 中国的软件产业分类情况①

狭义的软件服务业提供的是各类专业服务,只将与软件相关的服务内容纳入软件统计范围。然而,软件服务不能简单地理解为软件产品的售后服务和技术支持,这只是一种较低层次的软件服务,并且在产业中所占的比重很低。软件服务还应包括各类软件专业化服务,如与软件关联的咨询服务、开发与集成服务、培训和教育服务、软件外包服务等高附加值的产业活动。广义的软件服务业还包括了ITES(信息技术关联服务),既有IT外包服务,还有商业流程外包服务,具体涉及的业务包括人力资源服务、客户沟通服务、财务服务、数据收集整理和处理分析服务、远程教育服务、数字内容开发,等等。

---

① 分类来源于国家工信部网站

表1-4 广义的软件服务业统计分类①

分类名称	内容
系统集成	综合统筹设计
软件售后服务	软件咨询、维护、培训、调试和系统扩充等服务
软件定制服务	软件外包、编码服务
软件关联服务	咨询、开发与集成服务、培训和教育服务等
网络信息服务	数据库活动
	附加价值网络服务
	电子数据交换
	游戏软件增值
	ASP（应用服务提供者）、SaaS（软件即服务）
信息技术管理服务（ITO）	营运服务
	应用软件管理服务
	服务台管理服务
业务流程管理信息服务	客户交互服务，如呼叫中心
	后端办公
	数字内容开发/动画制作

SaaS

SaaS（Software as a service）的意思是软件即服务，是指软件应用的提供者和运营商通过互联网向用户提供服务的模式。传统软件的使用必须经过购买、安装、维护、升级等一系列用户运营维护过程，而SaaS模式可使用户不再需要购买任何软件包和硬件，只需按时间或使用量支付一定费用，就可以通过互联

---

① 来源于http：//wenku.baidu.com/中国软件服务业统计分类研究

网享受软件服务。作为软件科技发展的最新趋势，SaaS 是一种在 21 世纪开始兴起的创新的软件应用模式，目前已成为软件产业的重要力量之一。

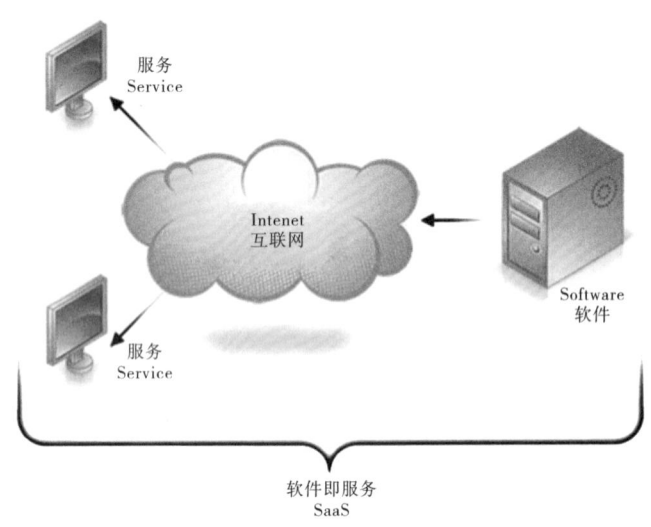

图 1-4　SaaS（软件即服务）

2. 美国的软件服务业分类

美国是当今世界计算机技术和软件服务最大的生产者和消费者。目前，全球信息领域排名前 10 名的公司中，美国占据了 9 席。美国的软件企业主导着当今计算机、通信和网络领域的发展潮流，其强大的半导体、微处理器、计算机和通信设备的制造能力和研发能力，构成了美国信息技术产业的基础架构。软件业和信息服务业的快速发展为美国经济的持续增长保驾护航，美国把与软件有关的服务业统称为"计算机服务业"。

表 1-5　美国计算机服务业的分类

分类名称	内容
计算机服务	计算机系统维修及相关服务
软件服务	基础软件服务、应用软件服务等一切基于软件的服务
信息服务	信息传输、信息处理、信息分析与咨询、经纪与代理、公益信息服务等

3. 欧盟的软件服务业分类

欧盟将与软件相关的服务业称为"IT（信息技术）服务业"，主要是指软硬件支持与维护、系统集成、IT 咨询、IT 教育与培训、IT 外包、网络服务等。

表 1-6　欧盟的软件产业分类①

分类名称	内容
硬件咨询	
软件出版、咨询和供应	
软件出版	非定制软件的开发、生产、供应和文件管理
其他软件咨询和供应	包括分析、设计、编制定制软件，分析用户需求和提出解决方案、生产实现解决方案的软件，编写用户制定的任何软件、网页设计等，不包括软件的复制和与硬件有关的软件咨询
数据处理	包括为数据库提供数据的活动、为顾客和他人的程序处理数据、顾客提供的数据全面处理、数据录入、文件扫描、管理或运行他人的数据处理设施、网站主持等
数据库服务	包括网上数据库的出版、地址簿和邮件列表的网上发布、其他的网上出版、网上搜索引擎等
维护和修复办公、会计的应用软件	
其他计算机相关服务	包括计算机及有关设备的租赁、修理和维护等

4. 印度的软件服务业分类

印度对软件服务业有特殊的界定，不仅在政策上突破，在产业的范围界定上也下了功夫。印度软件服务业的范围要比其他国家宽，其将产品和软件包、专业化服务（离岸/在岸）、项目开发（离岸/在岸）、教育培训、支持/维护、IT 关联服务业都纳入软件服务业统计。ITES（IT 关联服务）是印度官方提出的一种软件产业称谓，后来逐渐被其他一些国家所接受。

---

① 来源于 http://wenku.baidu.com/中国软件服务业统计分类研究

表 1-7　印度的软件服务业的分类

IT 服务 （IT Services）	为实现增值在 IT 产品系统上使用任何 IT 软件而产生的任何一种服务
IT 关联服务——ITES （IT Enabled Services）	电话受理中心
	医务资料处理
	办公业务、财务、其他辅助业务
	工资管理
	保险索赔业务
	法律数据库
	数字内容开发、动画制作
	后勤管理

三、软件产业链和软件产业的演进

1. 软件产业链

软件产业链就是指以软件技术为基础，以提供能满足消费者使用的软件产品、享受软件服务为目标的、具有相互衔接关系的企业集合。从产品和价值不同的角度又可分为产品链和价值链。

（1）软件产品链。

软件产品链的上中下游分别由系统软件、支撑软件和应用软件构成。系统软件包括操作系统、网络管理系统以及嵌入式操作系统等。支撑软件位于系统软件和应用软件的中间层次，其作用为处于下游的应用软件提供运行与开发的环境，帮助用户灵活、高效地开发和集成复杂的应用软件。应用软件是指专门为某一目的而编制的软件，包括行业应用软件、办公软件、杀病毒软件等。

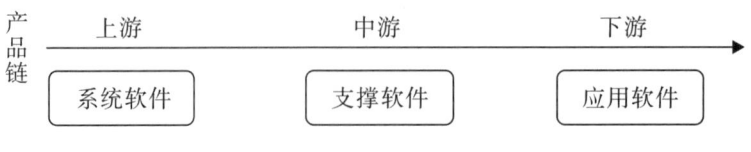

图 1-5　软件产业的产品链构成

(2) 软件价值链。

产业价值链是指以某项核心技术或工艺为基础,以提供能满足消费者某种需要的效用系统为目标的,具有相互衔接关系的企业集合。价值链作为一个价值递增过程,其各个环节存在着增值性与盈利水平的差异,并且软件作为电子信息产品的灵魂,已经成为全球信息产业价值链的核心竞争领域。

软件价值来源于人类的知识劳动,是软件设计开发和管理人员创新劳动的结果,是通过软件价值链创造和实现的。根据软件工程学对于软件产品生命周期阶段的划分,可以构建出完整的软件产业价值链(如图1-6所示)。在软件价值链的各个价值环节,通过知识创新劳动形成价值增值,经过各个价值环节形成完整的软件产业价值链,最终将软件交付到客户手中,实现软件价值。在经济全球化条件下,软件产业价值链中的不同价值环节在全球范围内分解转移,从而形成软件产业国际价值链。

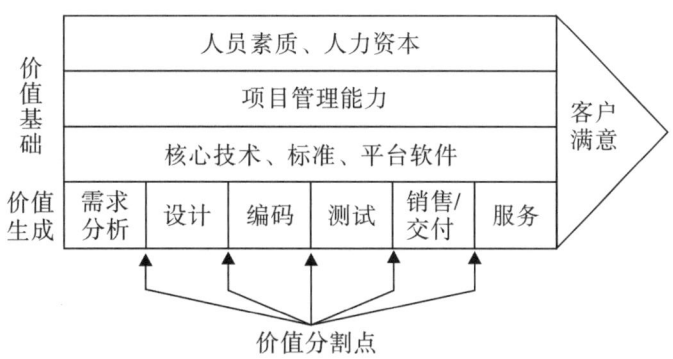

图1-6 软件产业的价值链构成

软件产业国际化过程当中,存在着大量的生产要素跨国转移和增值活动,必然引起包括剩余价值在内的软件价值发生跨国分割,根据软件国际价值创造过程中的分工和地位进行利益的分配。图1-6中不同价值环节的临界点就构成了软件国际价值的分割点。在每个分割点上,必须通过交换来实现软件价值的转移,以此确保软件产业国际价值链的完整实现,避免由于价值链断裂造成软件国际价值无法实现,知识劳动付诸东流[①]。

(3) 全球软件产业链。

在全球软件产业链中,上游负责研究、制定并控制了软件产品的核心技

---

① 刘毅,何炼成. 软件产业国际价值链和软件外包. 西北工业大学学报,2006 (6)

术、体系结构和标准，控制着整个产业的游戏规则。成功的上游软件产品通常会为位于中下游的软件产品树立现实的市场标准。中游起着承上启下的作用，支撑软件建立在上游门类即操作系统的基础之上，从事技术研制、产品开发和方案集成，为应用软件提供运行与开发环境，参与上游产业门类的规则制定。下游依赖于中上游研究和开发成果并且必须学习、服从于上游的游戏规则。长期处于全球软件产业链下游，不仅无法形成自主知识产权的软件核心产品和关键技术，无法形成独立的软件产业体系，而且在全球产业价值链分配中处于劣势，严重的还会影响国家的经济独立和信息安全[1]。

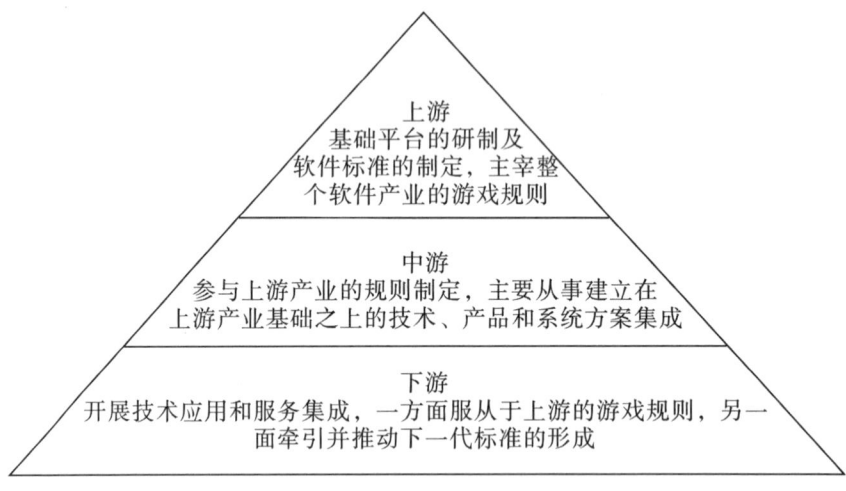

图1-7 全球软件产业链示意图

2. 软件产业的演进

软件产业演进属于微观层面的产业演进。一方面，软件产业演进在时间上表现为各种生产要素在软件产品、系统集成、软件技术服务等软件子产业之间以及各软件企业之间的不断流动与消长；在空间上表现为在各种生产要素、软件子产业以及软件企业在空间地域上的不断流动、集聚或转移。另一方面，软件产业的演进又直接表现为软件产业结构、软件产业组织和软件产业布局的演进。影响软件产业演进的因素主要有以下几类[2]：

（1）技术因素。

技术创新是产业结构升级的根本动力，直接或者间接推进和影响产业结构

---

[1] 丁俊，陈力. 从软件产业链角度论软件产业的发展. 软件导刊, 2006 (6)
[2] 陈蕾. 软件产业演进基本理论问题探讨. 商业时代, 2011 (10)

的变化。技术因素是影响软件产业演进的核心因素。软件产业是高新技术产业，技术创新是软件产业向高层次演进的核心动因，而技术进步是软件产业演进的强大动力。技术创新和技术进步，促进软件产业向知识、技术密集型方向发展，使产业内不同生产要素的需求与投入均发生变化，进而影响到各子产业产出的变化以及产业结构的有序演化。

（2）国际因素。

首先，国际贸易可以引导一个国家（或区域）软件产业的结构调整，使软件产业的供给与需求得到平衡，并在从国际分工中找到合适的市场位置，国际贸易水平是软件产业竞争力的体现。再次，软件跨国公司是推动本土软件技术进步的主要源泉。通过利用软件知识的溢出效应，将跨国公司的先进技术与本土的技术水平有机结合，能够带动软件产业及相关产业的技术发展和结构调整，且软件产业的国际分工格局对一个国家（或区域）软件产业的合理定位与演进的导向作用非常大。

（3）制度因素。

制度因素直接影响软件产业的演进，或通过对其他影响因素发生作用来影响软件产业演进。政府通过制度建构、制定和实施干预性的产业政策来推动特定产业的发展。制度因素涵盖了有关的国际公约、国家法律法规、产业政策、企业管理制度等各个层面，对软件产业发展的重要作用不言而喻，制度通过均衡和创新两条途径，在宏观层次上对软件产业外部环境予以改善，在产业部门层次上对软件产业结构予以协调，在微观层次上对产业组织予以调整，并指导软件企业实现规模经营和良好竞争。

（4）供求因素。

保持供给与需求的动态平衡是软件产业演进的基本规律。第一，软件产业的供给因素除了生产所需的基本生产资料外，还包括研发人力投入和研发资金投入等，供给因素在总量和结构上制约着软件产业的成长速度和模式选择。第二，消费需求在社会总需求中所占份额最大，是软件产业结构演进的根本动因。软件消费需求变化包括需求总量和需求结构的变化，会引起软件产业内相关子产业的扩张或收缩，也会引起新的子产业的产生和现有子产业的衰落。需求结构的合理化和高级化引领着软件产业结构的合理化和高级化。

（5）市场结构。

决定市场结构的因素主要包括产业集中度、产品差别化、进入壁垒，这三个方面互相作用，共同影响软件产业的发展步伐。软件产业的适度集中，能够提高资源的利用率和收益率，使软件产业中技术关联度高、附加值高的子产业结构比例不断扩大；软件产品与服务的差别化能够扩大软件企业的市场份额，增强软件产品与服务在市场上的竞争力；进入壁垒对软件产业内企业数量和规模分布起关键作用，保持适度的进入壁垒，对软件产业而言，有利于消除过度竞争，形成有效的竞争秩序，促进产业发展。

四、服务外包——软件服务业的新增长点

1. 什么是服务外包

服务外包是指企业将价值链中原本由自身提供的具有基础性的、共性的、非核心的IT业务和基于IT的业务流程剥离出来后，外包给企业外部专业服务提供商来完成的经济活动。服务外包基于信息网络技术，其服务性工作（包括业务和业务流程）通过计算机操作完成，并采用现代通信手段进行交付，使企业通过重组价值链、优化资源配置，降低成本并增强企业核心竞争力。

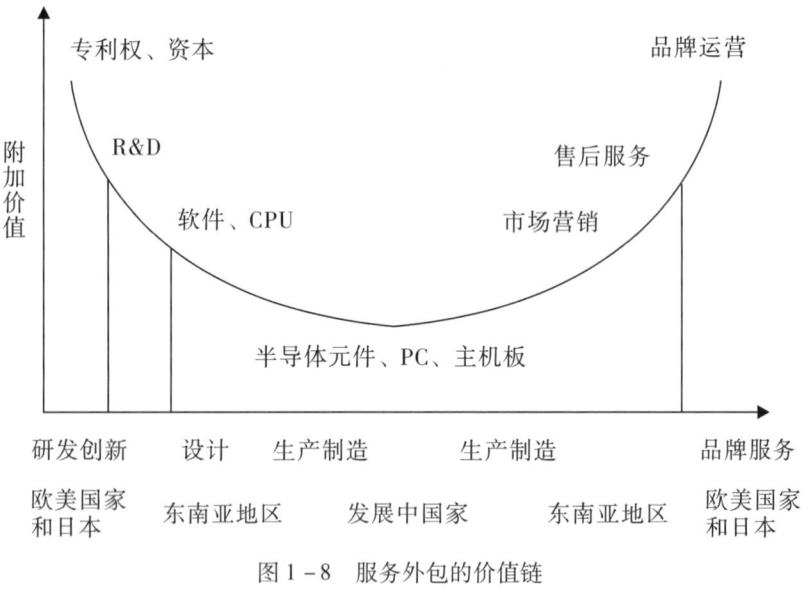

图1-8 服务外包的价值链

2. 软件服务外包的分类比较

服务外包主要分为信息技术外包（ITO）、商业流程外包（BPO）、知识流程外包（KPO）三种类型。ITO关注企业IT基础建设如服务器、网络、操作系统和支持等，而BPO关注的是企业内部运作或客户的后端活动，相较于ITO业务，BPO业务对外包企业的管理水平和服务水平有更高的要求，产生的利润也

更大；而 KPO 主要提供基于供应链的管理服务，KPO 的中心任务是以业务专长而非流程专长为客户创造价值。从 BPO 到 KPO 是一种高智能的延续和价值链的提升过程。

（1）ITO——信息技术外包。

ITO（Information Technology Outsourcing）是信息技术外包，指服务外包发包商委托服务外包提供商向企业提供部分或全部信息技术服务功能。

表1-8　信息技术外包涵盖的主要内容

ITO——信息技术外包	
类别	适用范围
系统操作服务	银行数据、信用卡数据、各类保险数据、保险理赔数据、医疗、体检数据、税务数据、法律数据（包括信息）的处理及整合
系统应用服务	信息工程及流程设计、管理信息系统服务、远程维护等
基础技术服务	承接技术研发、软件开发设计、基础技术或基础管理平台整合或管理整合等业务

（2）BPO——业务流程外包。

BPO（Business Process Outsourcing）是业务流程外包，指企业将一些重复性的非核心或核心业务流程外包给供应商，以降低成本，同时提高服务质量。

表1-9　业务流程外包涵盖的主要内容

BPO——业务流程外包	
类别	适用范围
业务流程设计服务	为客户企业提供内部管理、业务运作等流程设计服务
企业内部管理服务	为客户企业提供后台管理、人力资源管理、财务、审计与税务管理、金融支持服务、医疗数据及其他内部管理业务的数据分析、数据挖掘、数据管理、数据使用的服务、承接客户专业数据处理、分析和整合服务
企业运营服务	为客户企业提供技术研发服务、为企业经营、销售、产品售后服务提供的应用客户分析、数据库管理等服务
供应链管理服务	为客户提供采购、物流的整体方案设计及数据库服务

(3) KPO——知识流程外包。

KPO（Knowledge Process Outsourcing）是知识流程外包，它是指将公司内部具体的业务承包给外部专门的服务提供商。

表1-10 知识流程外包涵盖的主要内容

KPO——知识流程外包	
适用范围	知识产权研究、医药和生物技术研发和测试、产品技术研发、工业设计、分析学和数据挖掘、动漫及网游设计研发、教育课件研发、工程设计等领域

3. 软件外包的模式演进

软件外包的发展模式演进具体细分为五个阶段[①]：

(1) 第一阶段：专业代工模式。其价值增加非常有限，即把本国的程序员派到客户所在地提供服务，这种方式收入增长潜力最小。

(2) 第二阶段：现场开发合同模式。这种模式类似于专业代工，但与前一模式的差别在于海外公司会把钱付给接包商，而非程序员。

(3) 第三阶段：离岸开发合同模式。在岸和离岸是针对发包方即软件产品的最终用户方而言的，软件开发工作被转移到接包商所在地，海外的客户通过高速数据通信联络保留对整个项目的控制权。离岸接包商只需按国内的劳动力成本支付薪水，国内进行资产维护的费用也相对较低，所以成本相对较低，但利润较高。

(4) 第四阶段：按产品分类的服务模式。已成熟的服务常被归入此类，一般一个项目的40%可以按产品分类，软件开发商将可复用的代码按产品分类，只需稍作修改就能满足多数客户的要求，风险同离岸开发类似，但利润却更高。

(5) 第五阶段：细分产品和大众产品的模式。产品是可即买即用的原创软件程序，利润最高风险也最大。这种按时按料计酬的服务合同可以增加项目成本的透明度，一方面可让发包方明确项目竞价的成本底线，另一方面可为软件设计师和程序员收取不同的报酬，促进专业化分工。

---

① 王如镜，孙华灿. 软件产业外包发展模式演进路径分析. 商业时代，2009 (16)

表 1-11 软件外包模式的演进

软件外包模式的演进				
接包商类型	软件外包模式（五个阶段）	附加值高低	和发包商关系	软件发展国家战略
附属型接包商	专业代工	低	受支配和控制	在岸服务
	现场开发合同	低		
关系型接包商	离岸开发合同	中	能力互补、相互交流	离岸开发
模块型接包商	按产品分类的服务	高	平等的战略联盟	产品出口
	细分产品和大众产品	高		

以上五个阶段软件外包发展模式中，专业代工和现场开发合同模式下的接包商可划分为附属型接包商，在这两种模式下，接包商从事的都是劳动密集型的编码、测试之类范围比较狭窄的任务，接包商受发包商的支配和控制，发包商很容易更换接包商，而对于接包商来说则转换成本较高，这两种模式都是发展中国家对发达国家的劳动力出口，属于劳动密集型，接包商不参与需求分析与系统设计，仅负责其中整个系统某些子模块的编程，或设计结果转换为可执行的程序代码。

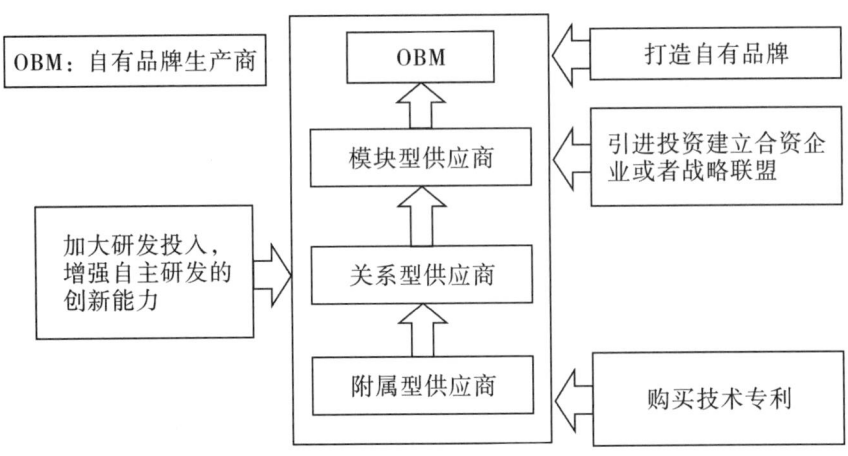

图 1-9 软件外包模式演进路径

按照产品分类的服务模式以及细分产品和大众产品的模式处于软件外包模式的高端，随着接包商能力的进一步提高，接包商进入了模块型接包商的行列，具备独立的模块研发设计、模块生产能力，参与整个软件开发的全过程，包括需求分析、系统设计、软件编码过程，其重要的特点是参与需求分析过程，包括问题分析和需求分析。接包商专注于重要价值模块的同时，又与跨国公司结成战略联盟，分享巨大的全球市场和高附加值带来的利润。对于跨国公司而言，模块型接包商没有开发自有品牌，和自身没有直接的利益冲突，而又为自身提供了精良的模块组件。这两者之间的关系满足激励相容条件，也是接包商在外包模式发展中的可行选择。

第二章　全球软件服务业的发展现状和趋势

一、全球软件服务业的发展现状

1. 全球软件服务业的现状特征

（1）软件业从产品化走向服务化①。

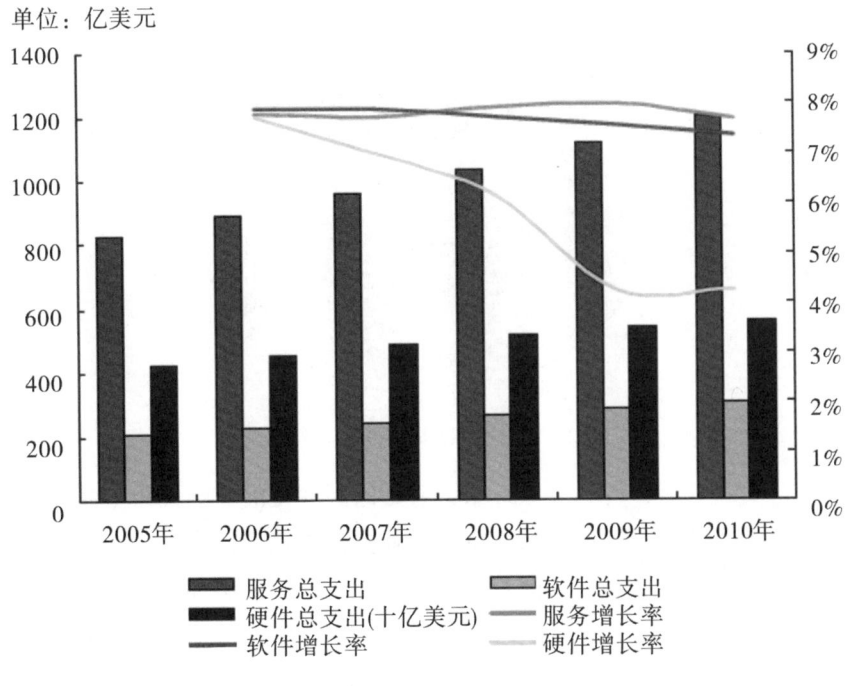

图 2-1　全球软件与服务开支增速高于硬件

---

① 刘家雍. 软件服务化是大势所趋. 软件世界，2006（6）

随着互联网的普及，软件产业逐渐从单纯的产品模式走向全方位的服务模式，软件服务成为带动软件产业发展的重要力量。在线软件服务产业 SaaS（软件服务化）在美国迅速发展，软件服务化倍受青睐。全球各大软件企业正实施业务转型，逐步提高软件服务业务的比重。"软件产品化"时代的霸主微软，正在强势推进由"软件"向"软件+服务"的转型；甲骨文（Oracle）积极开发一组在线应用软件，该举动显示公司已经把重点从传统软件转向软件服务化；IBM、HP、TCS、Wipro 等全球性服务商已逐渐把重点放在业务咨询和技术实施能力更紧密结合上，并扩大服务类别和集成性的外包业务。国际知名软件厂商都宁愿放弃部分产品利润，而转入更为高端的解决方案和实施服务领域，这充分说明软件服务化的转向已是大势所趋。

（2）软件服务业国际化特征明显[①]。

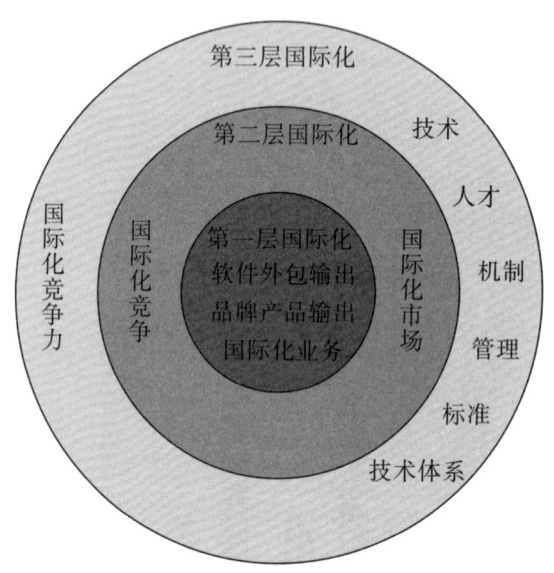

图 2-2 软件服务业的国际化内涵

随着全球化进程的深入，软件服务业走向国际化的深刻性与全面性超过了以往任何一个历史时期。美国软件巨企的业务范围遍及欧洲、中东、非洲、日本、中国、亚太地区、拉丁美洲及其他的新兴市场。而诸如 Microsoft（微软）、IBM、Intel（英特尔）、Cisco（思科）、Oracle（甲骨文）、Tata（塔塔）等世界500 强软件企业均在世界各地设立研发机构、技术中心、技术支持中心，这些

---

① 王建平等. 软件产业国际化内涵和特征分析. 软件世界，2004（10）

机构已经不再只针对本地市场,很多相关的研发成果已经用于软件巨企的各类产品,进而服务于全球各地的用户。这些软件企业通过对海外人才、技术、品牌和客户的追逐,不断地创新改革,朝着国际化市场推进,逐渐将他们自己变成跨国公司。而合作伙伴在与这些跨国企业合作也同时获得了资金、技术和培训等方面的支持,增强了软件开发能力,从而在软件出口、外包等业务方面获得更多的来自国际市场的机会,逐渐迈向国际化的征程。

(3)软件业的产业规模持续扩大。

软件业作为信息服务业的重要组成部分,近年来一直保持着持续增长态势。在技术不断创新、产品推陈出新以及网络应用持续增长、需求多样化和资本运作等内外因素的联合推动下,2008年全球软件产业规模突破一万亿美元。从不同国家和地区近年表现来看,美国、欧洲、日本的软件产业规模位居前三位。数据显示,美国的软件产业约占全球软件产业的1/3,欧盟占1/4以上。中国和印度占全球软件服务业的份额逐年提高,尤其印度的软件外包在全球占据重要地位。

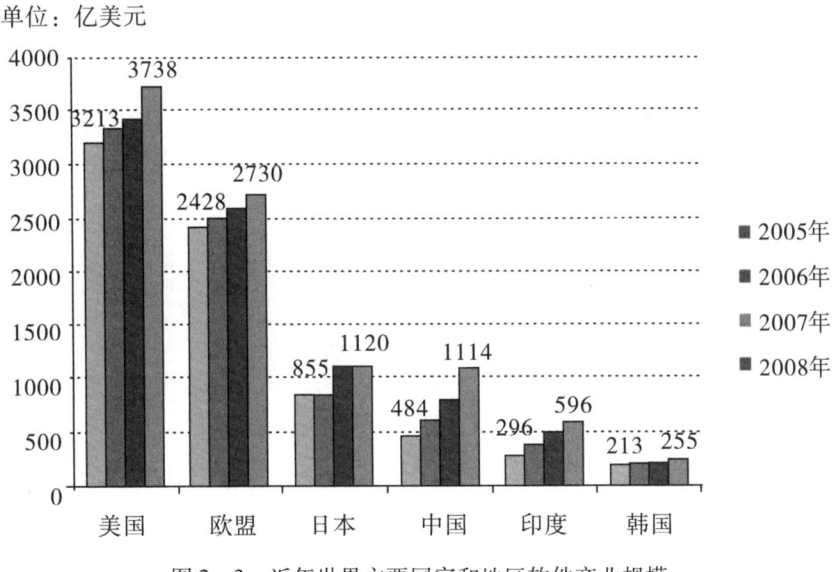

图2-3 近年世界主要国家和地区软件产业规模

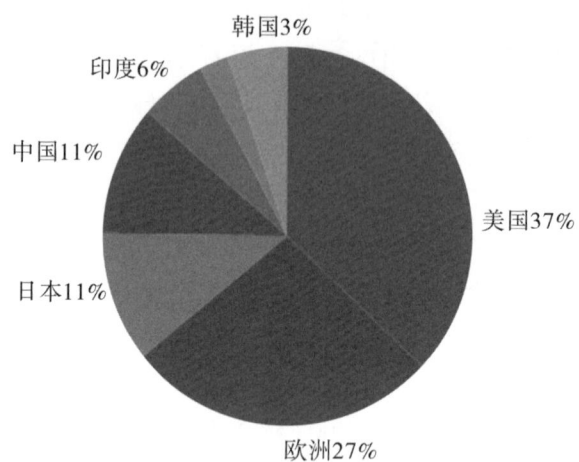

图2-4 2008年世界主要国家和地区软件产业份额对比

软件服务业作为软件产业的支柱型行业，已经成为各国新的增长点。尤其是近年来通信、网络等新技术的飞速发展，极大地拓展了软件服务业的发展空间，也带来了新的发展机遇。软件服务业的产业规模逐年增加，2010年全球软件服务业的产业规模达到了10310亿美元。

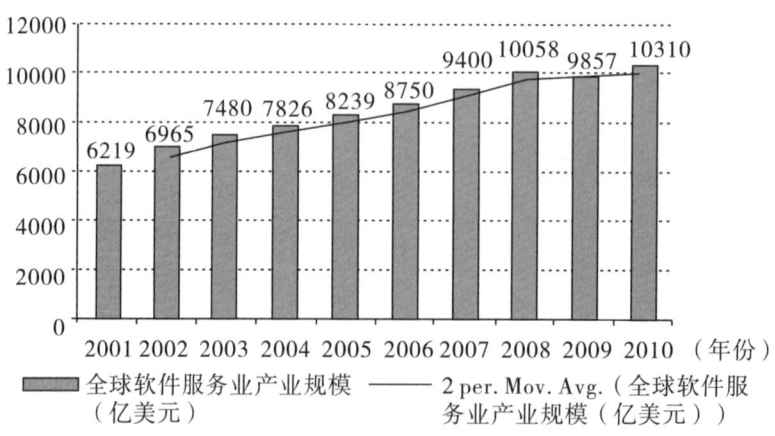

图2-5 2001—2010年全球软件服务业产业规模

资料来源：赛迪网

（4）软件服务外包市场规模庞大。

随着全球产业结构调整和经济一体化发展，服务外包正成为跨国产业转移的必然趋势，继制造业之后，引领世界新一轮产业转移。服务外包规模庞大且发展迅速，目前全球服务外包规模已经超过1.2万亿美元，其中以信息技术为基础的服务外包最引人注目，占服务外包总额的1/3以上。软件外包在过去20年获得了迅猛的发展，在日益激烈的市场竞争中，企业越来越倾向将非核心软件业务"从内到外"进行转移，把自己做不了或过去从事但没做好的软件业务，通过合约的方式交给外部专业公司去完成，其目的就是要利用它们的专长和优势来降低成本，提高生产率和增强发包商的竞争力。

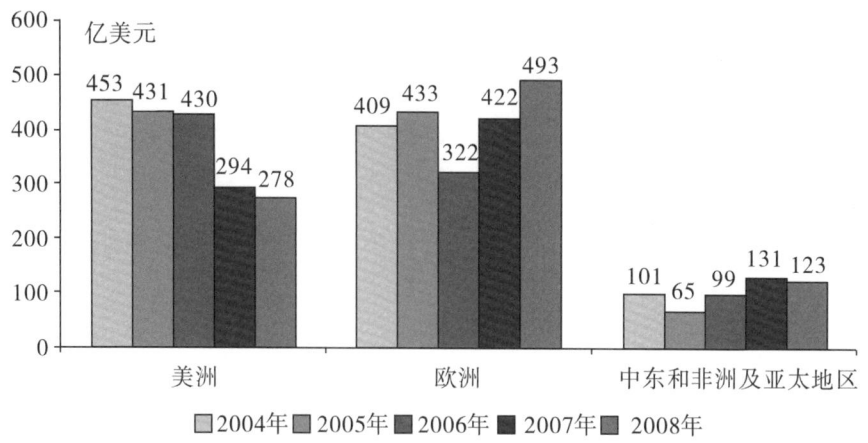

图2-6 近年全球软件和信息服务外包产业2500万美元以上总合同金额变化情况

资料来源：工业和信息化部电子科学技术情报研究所．全球软件与信息服务外包产业回顾与展望，2009

由于2008年的金融危机，2009年软件与信息技术外包产业增长放缓至3.6%，但2010年增速已经逐渐回升，2011年服务外包产业整体回归较快速增长通道，预计五年内的年复合增长率将达到6.8%。

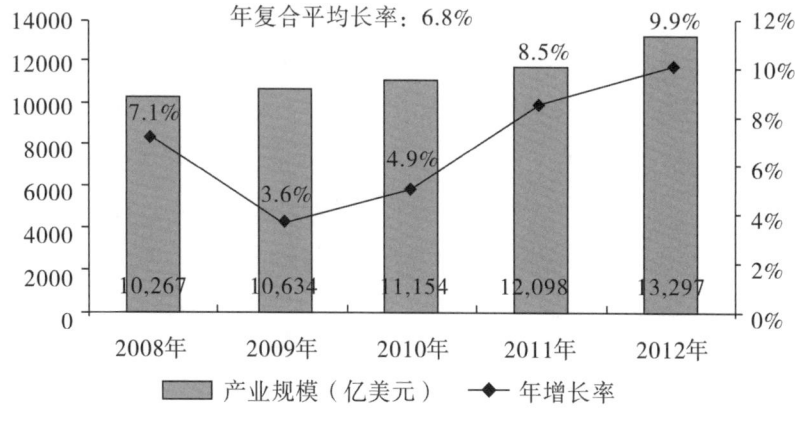

图2-7 全球软件及信息服务外包产业规模预测

图 2-8 全球软件外包的版图分布

全球离岸服务外包发展情况

美日欧企业外包业务有很大部分发给在岸高端接包方，在境内完成服务外包业务，如欧美企业多发给如 IBM、EDS、Accenture 等，日本企业多发给 NTT Data、NRI 和 NEC 等，这样基本能保证外包的质量。但离岸服务外包可利用海外廉价的劳动力来大大降低成本且可以借助多个时区的外包提供商延长服务时间满足全球各地客户的要求，因此正日益受全球企业的关注，市场潜力巨大。

全球离岸服务外包的发包国主要是欧美和日本等发达国家，美国约占了 2/3，欧盟和日本占了近 1/3，而现在以中国、印度、巴西等为代表的新兴市场国家正日益成为重要的外包承接国，其中亚洲的承接国最多，约占 45%，印度是亚洲的主要承接国，其次是中国和东盟，欧洲输出外包的承接地为爱尔兰和东欧国家，拉美的主要承接国是巴西。近年来，随着一些发达国家如加拿大、澳大利亚等也加入了承接国际服务外包的竞争行列，全球服务外包的承接国逐渐形成三个不同层次。

发达国家在离岸外包中，一种是以欧洲和日本的近岸外包选择为特征，即在与本国距离较近和文化接近的区域进行服务外包。从欧盟对外包承接地的选择来看，偏好于东欧国家和俄罗斯，日本的外包业务50%以上在中国进行。另一种是以美国的远岸服务外包选择为特征，主要以印度、中国、菲律宾等距离较远，但成本低廉、人才丰富的区域为主进行服务外包。

目前，全球IT服务离岸外包市场规模较大，但其增速却正在逐渐下降；相比之下，业务流程服务离岸外包相对较小，但其发展速度却在稳步增长。

资料来源：《2010年中国服务外包行业研究报告》

2. 全球软件产业分工体系

软件产业经过多年发展，各个国家依托自身各自的发展模式，已经形成以美国、印度、爱尔兰等国为主的国际软件产业分工体系。

○ 平台软件　　○ 中间件　　　　　　　　　○ 应用软件
（美国，墨西哥）（爱尔兰、印度、日本、新加坡）（德国、中国、菲律宾）

图2-9　国际软件产业分布图

在全球软件产业分工体系中，全球软件出口市场形成四大战略阵营：

在全球的软件出口市场中，美国为霸主型位居第一阵营；爱尔兰、以色列重视软件应用技术、紧密跟随占据第二阵营；印度以其独特的特点出口导向型占据软件出口第三阵营；中国目前尚处于跟随于印度之后的第四阵营。

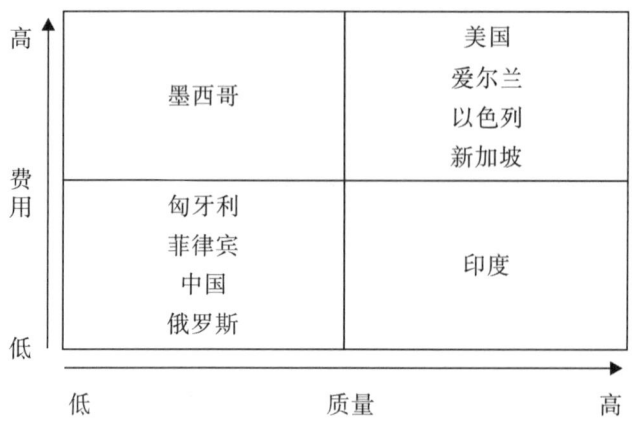

图2-10 全球软件出口市场四大战略阵营分布图

 延伸阅读

国际软件产业发展模式

(1) 技术与服务领导型——美国模式。

美国在技术上处于领先地位,对国际软件行业起到引导作用,垄断着全球超过80%的计算机系统软件、支撑软件和网络应用软件的市场。美国在全世界招聘高级的软件研发人员,开发技术含量高、通用的产品,同时在全世界构造了最大的软件销售网络,利用本国资源开发全球市场,一些发展中国家成为美国降低成本提高竞争能力的基地。

(2) 国际加工服务型——印度模式。

印度由于本国市场规模比较小,软件产业发展战略主要是充分利用本国企业和人才优势,以软件服务、软件出口为主,凭借低成本、高质量成为世界的软件加工基地。印度政府为了获取更多的国际订单,采取了On-Site(现场)和Out-Shore(离岸)两种软件开发模式,一方面在印度让国外跨国公司与本国软件企业优势互补,在印度建立开发中心,推进软件企业的国际化进程;另一方面,印度还鼓励本国软件企业在海外设立分支机构,并把许多开发人员派送到用户现场提供开发和服务,并通过卫星使美国和印度协同24小时连续工作,增强了企业在国际市场的竞争力。

(3) 生产本地化型——爱尔兰模式。

爱尔兰根据欧洲地区需要20多种不同语言的软件市场,将自己定位为美国软件公司产品欧洲化版本的加工地，成为美国公司进入欧洲市场的门户和集散地。他们非常强调面向国际化的软件产品的系统化服务，提供从手册、包装、CD-ROM制作等全方位的服务。

（4）嵌入式系统开发型——日本和欧洲模式。

日本的软件产业结合数字化产品的开发居世界第二。日本在移动通信、信息家电和汽车导航等嵌入式软件开发上独具优势。日本的软件产品与日本的电子产品结合，使得软件成为许多有竞争能力的智能化产品的组成部分。如SONY公司开发数字化照相机、摄像机等产品，软件都是其重要组成部分。西欧（德国、芬兰、荷兰、瑞士）则专注于行业应用软件的开发，特别是在ERP通信和数字化医疗设备等领域具有优势。

资料来源：代志华．软件产业发展模式国际比较及借鉴．商业研究，2004（8）

二、主要国家软件服务业的发展状况与经验借鉴

1. 美国：软件产业全球首屈一指[①]

20世纪90年代以来，美国软件产业以平均每年12.5%的高速度在增长，几乎是美国国民经济增长率的2.5倍，成为继汽车和电子产业之后的第三大产业，软件产品市场份额占全球的1/3以上，是世界软件产业链上游的霸主。作为世界上最大的软件生产国和出口国，美国的软件业已经形成完整的产业链，软件巨头不但掌握着全球软件产业的大部分核心技术、标准体系、游戏规则，占着如系统软件、支撑软件和网络应用软件的主要市场，而且控制着软件开发平台和软件生产的核心环节，同时还拥有全球最大的软件销售网络，这些跨国企业正利用其垄断地位获取丰厚的超额利润。

表2-1 近年美国与世界主要国家软件产业规模比较

单位：亿美元

	2005年		2006年		2007年		2008年	
	规模	份额	规模	份额	规模	份额	规模	份额
美国	3213	39.0%	3357	38.3%	3430	36.5%	3738	37.0%

---

① 周扬等．全球软件外包产业发展格局研究．扬州职业大学学报，2007（3）

(续表)

	2005 年		2006 年		2007 年		2008 年	
	规模	份额	规模	份额	规模	份额	规模	份额
欧盟	2428	29.5%	2510	28.7%	2600	27.7%	2730	27.1%
日本	855	10.4%	862	9.8%	1120	11.9%	1120	11.1%
中国	484	5.9%	621	7.1%	822	8.7%	1114	11.1%
印度	295	3.6%	397	4.5%	520	5.5%	596	5.9%
韩国	213	2.6%	215	2.5%	226	2.4%	255	2.5%
全球	8239	100%	8750	100%	9400	100%	10058	100%

数据来源：《中国软件产业年鉴2009》

未来若干年内，美国的软件霸主地位还难以撼动，原因有三：

其一，从区域分布看，在全球软件市场中，美国软件市场是发展最为成熟的地区市场，代表了软件市场与技术发展的方向。

其二，从发展趋势上看，网络化对软件产业的影响是巨大和深远的。美国正将重点转移到网络软件的核心技术和产品上，最典型的例子就是英特尔公司和微软公司，他们分别占有世界微处理器、系统软件90%的市场份额。

其三，从国际产业分工来看，美国公司掌握着多数软件核心技术，又有非常完善的风险机制，资金供给相对充足。因此，美国的软件产业优势主要集中在技术、资金密集的软件领域，如平台类软件、基础类软件和大量的创新软件。

 案例分析

解析微软的软件服务"漏斗"模型

微软（Microsoft）公司是全球计算机软件开发的先导，在最近的5~10年里，微软的服务模式发生了巨大的转变。一方面，微软的服务从由当地的分支机构提供，演变成区域性和全球化运营；另一方面，微软的组织构架和服务模式也发生了变化。从以产品线为主导的组织架构，转向以服务客户类群为主导的组织架构，服务模式则从被动响应式服务转变为积极主动地提供更多预防性服务。

为了更好地为客户提供满意的技术支持与服务，微软凭借多年的全球运营管理和服务全球客户积累的丰富经验，为服务勾勒出一张漂亮的"漏斗"管理模型，"漏斗模型"在销售上是一种寻找潜在客户的管理工具。漏斗的顶部是有购买需求的潜在用户，漏斗的上部是将本企业产品列入候选清单的潜在用户，漏斗的中部是将本企业产品列入优选清单的潜在用户（两个品牌中选一个），而漏斗下部是已经确定购买本企业产品的潜在用户。嫁接销售上使用的"漏斗模型"，并用于服务，是微软的一项创新。它让客户在拥有便捷、畅快客户体验的同时，更为全球软件服务业的进一步发展树立了良好的学习借鉴模式。在这个模型中，可以清楚地看到服务无处不在。

首先，从微软所有的产品开始，借由全球客户服务与技术支持机构（CSS）每天与各地客户及合作伙伴的密切接触，收集来自客户的意见，将其反馈给产品开发组，使产品得以不断完善，并开发出更贴近并能够满足不同客户群需要的产品性能，减少问题发生的机会。

其次，针对企业级客户可能会使用多家产品组合的复杂IT平台，微软还推出一些主动增值服务，希望改善客户环境，提升客户体验。如微软会为这些客户复杂的软件环境定期做一个"全身体检"，帮助客户优化IT系统环境和设置，从而使软件可以在最优化的平台上运行，使很多问题防患于未然。

除此以外，微软的专家级工程师会收集反馈很多来自客户的有用信息给产品组，并有专人把所有来自客户的问题进行总结归类，并将这些经过整理的问题最终反馈给产品组。除此以外，微软还推出客户反馈管理，通过这个环节聆听客户并成为客户的声音，帮助改善微软的产品质量、策略和项目。微软也会随时准备为客户继续提供协助响应式的支持服务，以满足他们多种多样的需求。

随着人们越来越多地使用互联网和在线服务，不断掌握新兴科技，如何顺应变化提升在线服务体验，并为此成功构建升级技术支持平台成了微软未来的又一个重点。为了把服务业务做得更好，微软将侧重两个方面努力：一方面是不断改善网上自助服务知识库和自动操作，让客户更多地使用在线支持服务；另外一方面就是积极培养本地人才，不断提高他们的国际化运营水准和素质，从而达到本地员工可以轻松娴熟地通过电话为全球各地的客户提供高质的技术支持服务。

2. 日本：世界软件产业大国和发包大国

日本是世界软件产业大国和软件发包大国，是全球第二大软件生产国和消费国。日本的软件进口主要来自美国，其次为欧洲。IDC（互联网数据中心）对日本的软件服务市场做出了分析，根据数据发现，日本2009年软件服务市场规模约为5万亿日元，占全球市场份额的10%以上。据日本情报处理推进机构（IPA）《2007年年鉴》，日本整个信息服务行业中用于外包开发的金额约占总金额4%~6%，其中中国占据了第一位，印度居第二位，越南在规模上虽小，但取得了极高的增长。2011年日本外包开发的发包规模超过1500亿日元，达到1649亿日元，从业人数达到6万人，总产值将达到日本整个信息产业产值的近1%。

日本软件服务外包的迅速发展，有其内外的驱动因素：

第一，全球软件离岸市场的发展。近年来，在经济全球化的推动下，跨国公司开始了新一轮的产业结构调整。制造业全球产业转移虽仍是其重要内容，但服务业跨国投资发展速度也在加快。离岸服务外包作为服务产业转移的重要形式之一，增长势头尤为迅速，内容涉及金融、保险、医疗、人力资源、资产管理和营销等众多领域。

第二，世界软件业竞争的日趋激烈。世界软件业的激烈竞争迫使日本IT企业不得不选择成本低的离岸服务外包，把开发生产转移到海外以求生存。日本软件公司为了扩大其事业的平台，正在把整体设计由国内转向海外，以缓解竞争压力。

第三，日本软件业的技术开发人才严重不足。近年来，日本软件开发离岸业务量之所以不断增加，根本在于日本软件业的开发人才严重短缺。目前日本仅软件编码业的技术开发人才的缺口就在7万人左右。由于人手不够，致使日本存储软件领域的离岸外包比率高达81%，远超美国的47%和欧洲的35%。

3. 印度：软件产业的后起之秀

自20世纪80年代以来，印度软件产业得到迅猛发展。1987—1992年，印度软件出口年增长率保持在46%。1992—1999年，印度软件出口年均增长60%。进入21世纪，印度的软件业更是突飞猛进，目前印度的软件出口额占全球市场份额的20%，是仅次于美国的第二大计算机软件出口国。其中，印度在美国的软件外包市场已经占据60%的份额，成为最大的软件外包服务提供国。近10年来强劲的市场需求带动印度软件产业的出口，据印度软件服务贸易协会估计，印度的承包业务以每年30%以上的速度增长，这一切都要归功于印度对软件产业链的高端定位（基于国内良好的高科技产业生态），进而使得印度软件服务业拓展了较大的增值空间，对 GDP 的贡献率更高，反哺国内相关产业的发展，形成良好发展态势[①]。

印度的软件产业在世界上是闻名的，他们主要针对欧美国家进行软件外包，相关销售额已经达到了每年 117.4 亿美元，这得益于许多方面，主要原因如下：

第一，相同的文化背景。印度的官方语言是英语，与欧美国家之间的交流没有障碍。

第二，软件生产的工业化。印度在软件产业的发展中非常重视规范的建立和实施，班加罗尔软件园中的大型企业几乎都通过了软件产业规范管理 CMM5 认证。

知识链接

CMM 认证

CMM（软件能力成熟度模型）是英文 Capability Maturity Model for Software 缩写，SW – CMM 的简称。CMM 是评价一个软件企业项目管理及研发实力的国际准则，它标志着企业走上标准化、规范化国际化的发展道路。所以，CMM 认证已成为软件企业的首选行动选择。通过 CMM 认证最直接的收益就是得到越来越多国外企业的信任，也就能接到越来越多的订单。在形式上，CMM 把软件开发机构按照不同开发水平划分为五个级别：Initial（初始化）、Repeatable（可重复）、Defined（已定义）、Managed（已管理）和 Optimizing（优化中），而 CMM5 则属于第五级（优化级）。

第三，高层次的人才供给。印度非常重视基础软件人才、高技术软件人才、管理人才的培养，除政府自身兴办教育外，还大力吸引外资和民间资本投入电脑软、硬件的专业培训领域，并按照软件产业发展的需要，多渠道培养人才，形成多层次的人才结构。

---

① 蓝伟东. 印度软件产业兴起的理论探讨——产品价值链上的高端定位及全球价值链驱动选择. 对外经贸事务，2009（2）

第四，政府的大力支持。印度政府在信息技术部设立软件发展局，成立国家软件技术中心，对世界软件发展方向、前沿技术进行跟踪研究；还设立了软件产业发展风险基金；鼓励银行以低利率向软件业发放贷款；采取措施鼓励外国资本投资①。

 **延伸阅读**

印度软件企业的几大特点

印度的软件业属于外向型的产业，以外包服务为主，软件企业对于促进印度的出口起了十分重要的作用。印度软件企业有几个特点。

一是市场客户大：印度软件企业瞄准全球重要的北美市场、欧洲市场，拥有一批像美国通用、波音那样的著名大客户。

二是企业规模大：印度目前有软件公司7500家，从业人员41万，其中5000人以上的公司16家，10000人以上的公司6家，而且大多已走出国门，目前，印度软件企业在欧美国家有上百家分支机构。

三是发展速度快：一些大的软件公司，在人均产值近5万美元、公司近万人规模的基础上仍能保持年均40%~70%的增长速度，印度软件业近5年的年均增长率达56%。

四是管理能力强：印度的几家大软件公司，其软件项目按合同完成率高达96%以上，Wipro更是达到了99.3%。他们对时间、质量、成本的控制能力非常强。

目前印度的软件公司拥有超过65万名工程师，其雇员总数仅次于美国，印度全国的160所大学和500所学院均设立有软件方面的专业，每年从大学毕业的软件技术人员约为17.8人，而每年进入到软件行业的专业人员也高达7.3万到8.5万人。

资料来源：谷竣战. 世界主要信息产业大国软件产业发展概况，豆丁网

4. 爱尔兰：软件行业成为其经济的重要支柱

爱尔兰尽管国土小、人口少，但是其在欧洲软件市场的地位举足轻重。如今，爱尔兰以向美国软件企业提供欧洲语言本地化服务为切入点，已经成为世

---

① 孙宇清，孟祥旭. 印度软件产业发展的思考. 国际学术动态，2006（2）

界大型软件公司进入欧洲市场的门户和集散地,同时具有较强的软件综合研发能力,特别是在无线通信、客户管理系统、网络安全、金融银行软件、软件工具、网络工具及应用、嵌入式实时系统软件等领域有很强的实力[①]。爱尔兰现在是全球最重要的服务外包承接地之一,是欧洲市场上最主要的接包国。目前在欧洲市场上,43%的计算机、60%的配套软件都是在爱尔兰生产的。由此,爱尔兰赢得了"凯尔特虎""欧洲软件之都""新的硅谷""软件王国"等美誉。

在过去的20多年里,爱尔兰的软件产业已经发展成为该国经济的主要支柱之一。全球排名前10位的软件公司在爱尔兰都设有分支机构,该产业的年产值约为62.5亿美元。120多家国外软件产业在爱尔兰开展业务,业务领域涵盖了核心软件的开发、产品定制和软件测试等各个方面。爱尔兰的服务外包企业以高端服务为主,很多服务外包企业都具有核心竞争优势,在爱尔兰知名度很高的公司都拥有自己的主导产品或服务。

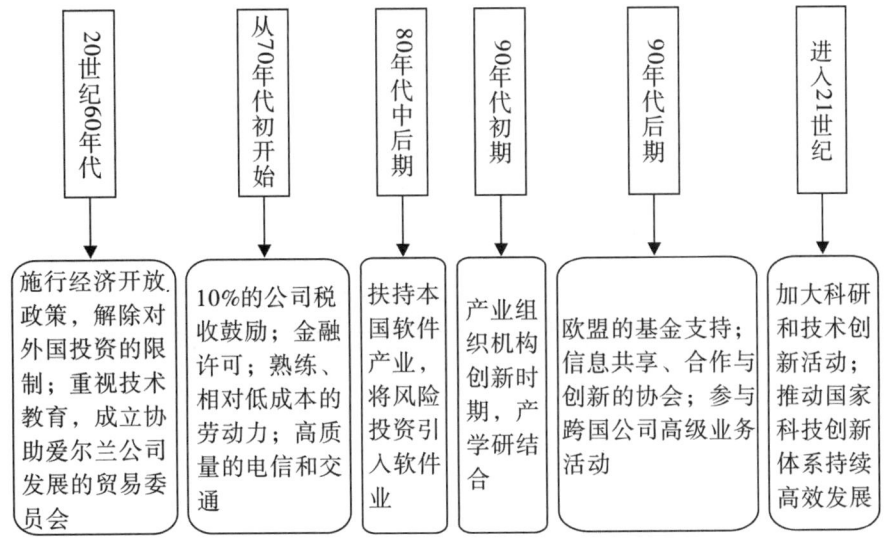

图2-11 爱尔兰软件产业发展道路

---

① BPO资讯网 [DB/OL]

 **案例分析**

爱尔兰和印度软件产业的价值链突破分析与启示

爱尔兰和印度作为软件产业的新兴国家,借助自身资源、市场等优势和创新,其软件产业正逐步向价值链高端环节突破,成为世界上重要的软件生产基地,实现了产业升级和竞争力的提升。分析爱尔兰和印度软件产业的价值链的突破及其成功因素,对于推动我国软件产业发展具有借鉴意义。

从软件产业的价值链看,爱尔兰和印度软件产业不断趋向高级应用类软件、中间件及系统软件等价值链的中高端环节,同时实现由软件加工、代工为主要内涵的产业发展向研发、服务为主要内涵的产业发展模式过渡。其中,爱尔兰因劳动力成本相对较高,使其产业以高附加值的软件产品为发展方向,强调面向国际市场的软件产品的系统化服务,产品以电信、多媒体、金融、互联网工具、软件中间件等高端领域产品为主,软件开发工具和中间件等中游环节占整个产业的 25%。印度软件产业则通过提供专业化服务和出口套装软件,逐步实现从"单一技术"支持的代工加工到"一站式服务"的产业发展和高端市场的转型,其在世界上领先的方面主要是银行、保险、金融服务等。印度在系统软件和数据库等上游环节已经实现了较快的发展,在提供出口服务的软件企业中,该环节的企业比例达到 12.84%。

表 2-2 爱尔兰和印度软件产业价值链环节分析

	上游环节		中游环节		下游环节				服务部分
	操作系统及数据库	安全软件	软件开发工具	子模块及嵌入式软件	办公类软件	行业应用软件	跨行业应用软件	消费类软件	软件服务
全球	12%	2%	12%	—	0.50%	10%	10.40%	2%	51%
美国	19.40%	—	6.85%	0.02%		19.30%		54.52%	
爱尔兰	较少		25%		75%,通信、金融高级软件占32%				较少
印度	12.84%	—	10.09%			32.57%		44.50%	

在经济全球化形成的全球价值链中,发展中国家在发达国家或跨国公司的阻击和控制下,其产业被限定在低附加值、微利化的低端生产环节,形成俘获型价值链(Captive Value Chains——CVC),从而难以实现功能和价值链的升

级。从分析来看，爱尔兰和印度两国的软件产业已开始突破俘获型价值链，逐渐从价值链的中低环节向价值链的中高环节推进。而在这个推进过程中，劳动力及政策优势和企业发展能力成为印度软件产业快速崛起的决定因素。爱尔兰软件产业发展的优势则更多地来自于外资驱动和政策优势，欧盟一体化对爱尔兰软件发展起着不可替代的推动作用。虽然这两国的软件产业并未实现俘获型价值链的完全突破，但是其在资源禀赋的改善、核心竞争力的培植上已经取得了较大进步，尤其是印度的企业发展能力、爱尔兰的生产效率和利基市场战略已经成为其产业不断提升的重要支撑。

通过上述分析，我们得到如下启示：产业发展落后的国家有可能借助传统比较优势的提升和新的竞争优势的形成，实现产业升级和竞争力的提升；对于国内潜在市场较大、人力资本优势明显的发展中国家，在实现俘获型价值链突破上具有更加广阔的经济空间和雄厚的要素支撑。作为软件产业的后发国家，我国软件产业应立足自身的比较优势和潜在优势，通过要素支撑、环境营造和机制培育等，在价值链的关键环节实现突破。

资料来源：徐建伟等. 优势、创新与俘获型价值链突破——以爱尔兰、印度软件产业发展为例. 经济地理，2010（2）

三、全球软件服务业的发展趋势判断

1. 软件服务业的总体发展趋势

随着互联网应用的范围越来越广、应用的层次逐步深化，信息技术发展和更新进一步加快，以云计算、物联网、泛在网等为代表的新技术、新模式、新概念不断涌出，孕育着新的重大突破。软件技术加快向网络化、服务化、智能化、平台化、融合化的阶段迈进，正在形成新的增长点。

（1）网络化趋势。

互联网的广泛深入应用，给软件应用、开发和部署带来深刻的变化，软件服务业正在从"以机器为中心"向"以网络为中心"转变，使得软件技术朝网络化方向发展。网络化成为软件技术发展的基本方向。计算技术的重心正在从计算机转向互联网，互联网成为软件开发、部署与运行的平台，将推动整个产业全面转型。电信网、互联网、广电网相互融合，扩大了软件服务业的市场空间。网络化技术的不断成熟驱动软件产品和服务走上网络化道路，网络化的软件运行环境、软件开发环境成为重要的研究方向。

(2) 服务化趋势。

服务化成为软件产业转型的本质特征。软件构造技术和应用模式正在向以用户为中心转变。在服务化趋势下，向用户提供软件服务所带来的体验成为竞争的决定因素。互联网的发展带来了信息技术服务模式的创新和转变。软件即服务正成为一种新的软件开发和应用模式，获得越来越多开发企业和应用企业的认可。全生命周期的信息技术服务业将进一步发展，IT咨询设计、运营和维护服务等业务，促进信息系统集成服务向产业链前后端延伸，推动系统集成、测试、数据处理等业务向高端化发展。

(3) 智能化趋势。

智能化是软件技术发展的永恒主题。智能化是在海量信息基础上实现知识的自动识别，赋予信息系统自适应能力，大幅提高资源配置效率。软件的感知范围逐步由温度、水、气、物体等物理形态向意识思维领域拓展，软件将能够从复杂多样的海量数据中自动高效地提取所需知识，软件开发语言更加高级化、开发工具也更加集成化。

(4) 平台化趋势。

平台化是软件技术和产品发展的新引擎。操作系统、数据库、中间件和应用软件相互渗透，向一体化软件平台的新体系演变。硬件与操作系统等软件整合集成，可降低IT应用的复杂度，适应用户灵活部署、协同工作和个性应用的

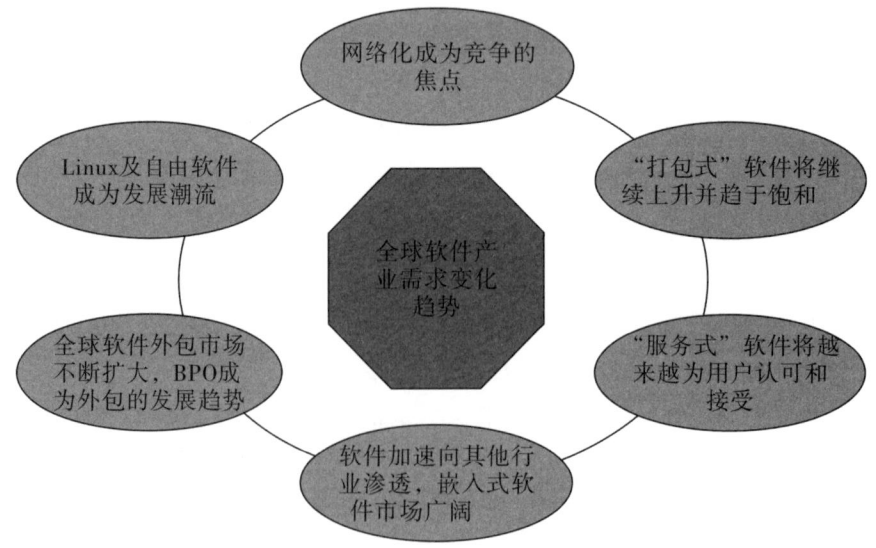

图2-12 全球软件产业需求变化趋势

需求。在平台化趋势下，软件的竞争从单一产品的竞争发展为平台间的竞争，未来软件产业将围绕主流软件平台构造产业链。

（5）融合化趋势。

融合化是软件技术和产业发展的新空间。软件技术和产业正步入高度分化基础上的高度融合阶段。一方面，软件的技术体系、业务领域越来越专业化，另一方面，软件与硬件、软件与网络、产品与业务、软件产业与其他产业之间相互融合不断深化。融合化趋势催生了大量新技术、新模式、新业态，创造了巨大的市场需求。这种融合既体现在终端产品功能的融合，即个人计算、通信、消费电子的融合，又体现在运行平台上的服务融合，即通信服务、内容服务、计算服务等融合。

2. 最新软件技术和平台促进软件服务业的发展

（1）最新软件技术促进市场发展。

最新软件技术主要关注嵌入式计算与嵌入式软件、基于构件的软件开发方法、中间件技术、数据中心的建设、可信网络计算平台、软件架构设计、SOA与RIA技术、软件产品线技术等。随着对象技术与分布式计算技术的发展，两者相互结合形成了分布对象计算，并发展为当今软件技术的主流方向。软件平台最新技术主要指网络操作系统与软件漫游技术、3G业务平台的关键技术、数据库相关技术、智能软件平台等。基于网络来满足客户需求、创造客户需求的软件服务体系正在逐渐形成。

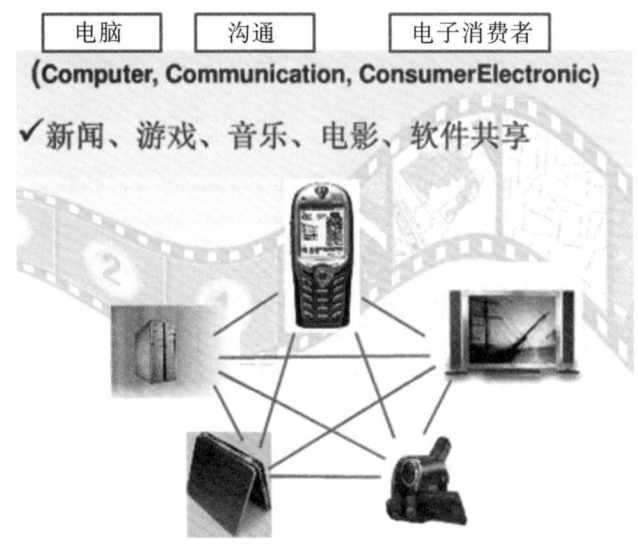

图2-13 3G融合的网络软件平台

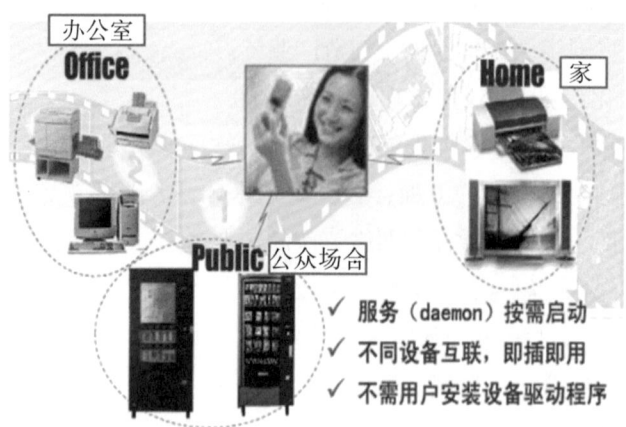

图 2-14 按需计算的软件平台

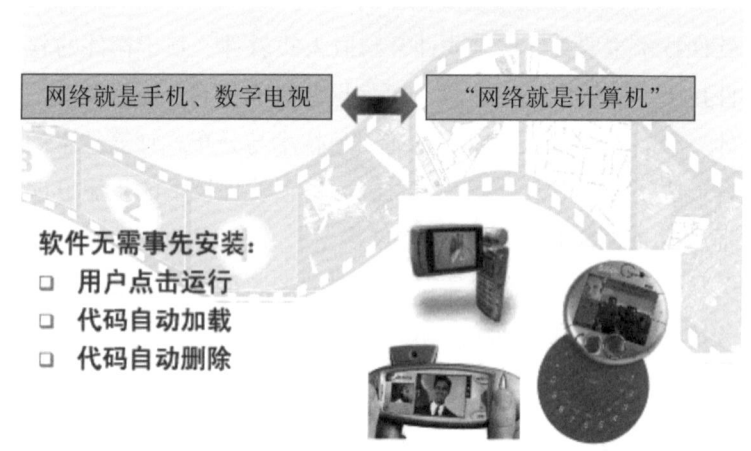

图 2-15 面向服务的软件平台

软件技术和软件平台是全球化进程中的主要推动力,新技术促进了软件服务业高质量、高水平、高效益的发展,并开拓了各种各样日趋复杂、种类繁多的软件及相关服务,并促成了一个全球化的市场。这个市场不仅打破了时空限制、简化了流通环节、拓宽了营销和传播渠道、更促进了地区间、国家间的文化传播与交流,大大加速了全球经济一体化的进程,加快了知识经济时代的到来。

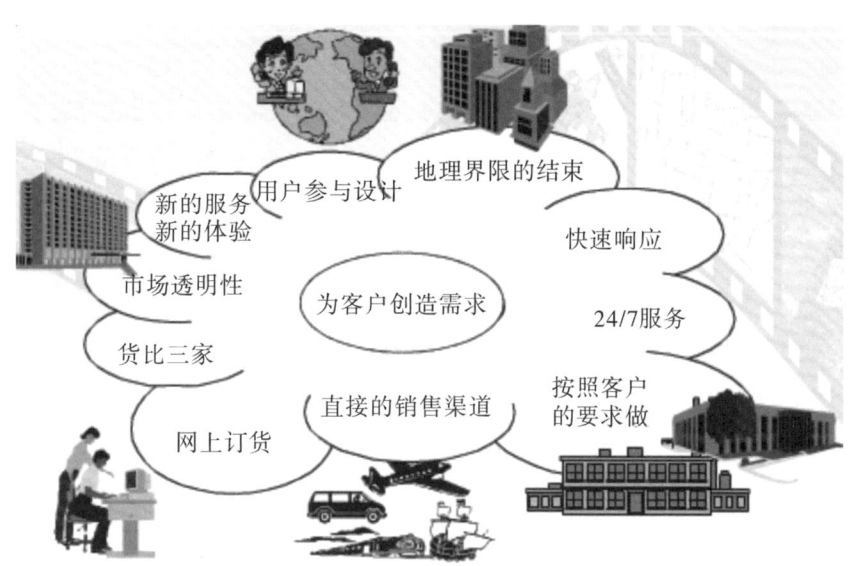

图 2-16 软件和互联网技术的发展及其对市场的影响

(24/7 是指一周 7 天，一天 24 小时的"全天候"服务)

（2）云计算改变了传统的软件开发和产品供给模式。

云计算（cloud computing）是一种基于互联网的计算方式，通过这种方式，共享的软硬件资源和信息可以按需提供给计算机和其他设备。与传统的公共服务平台相比，云计算公共服务平台最大的不同在于通过网络交付服务，用户就能够以较低的成本更加方便快捷地获取基于互联网的服务。在云计算模式下，软件和服务之间的界限逐渐模糊，软件架构将从集中化走向深入化，软件服务价值链的环节也在进一步重组，基于云计算的咨询和服务将会成为软件企业的一个利润增长点。据 IDC 预计，到 2014 年，云计算行业的收入将达到 1488 亿美元，呈现出强劲的增长势头。在未来 5 年内，企业在云计算服务上的累计花费将达 1120 亿美元。

延伸阅读

云计算平台提供哪些服务

从服务模式角度来看，云计算可以分为 SaaS、PaaS、IaaS。SaaS（Software as a Service，软件即服务）是将软件作为服务提供给最终用户的全新模式。从 IT 的角度来看，云计算包含互联网和企业内联网上的应用服务，以及在数据中

心提供服务的软硬件设施。谷歌、微软、IBM、亚马孙、华为、惠普、苹果等公司都已在业界率先展开云服务的相关研究,并相继推出云服务平台和工具。

云服务的商业模式是通过繁殖大量创业公司提供丰富的个性化产品,以满足市场上日益膨胀的个性化需求。其繁殖方式是为创业公司提供资金、推广、支付、物流、客服一整套服务,把自己的运营能力像水和电一样让外部按需使用。互联网上的应用服务一直被称作"软件即服务"(SaaS),而数据中心的软硬件设施就是所谓的"云"(Cloud),这是一种形象化的比喻。

"平台即服务"(Platform as a Service,PaaS)是指通过网络提供操作系统和相关软件开发工具服务,而无须下载或安装。"基础设施即服务"(Infrastructure as a Service,IaaS)指外包用于支持服务的设备,包括存储、硬件、服务器和网络组件等。当通过互联网提供的服务越来越多,相应的服务被人们称为"一切皆服务"(XaaS)(如图2-17所示):

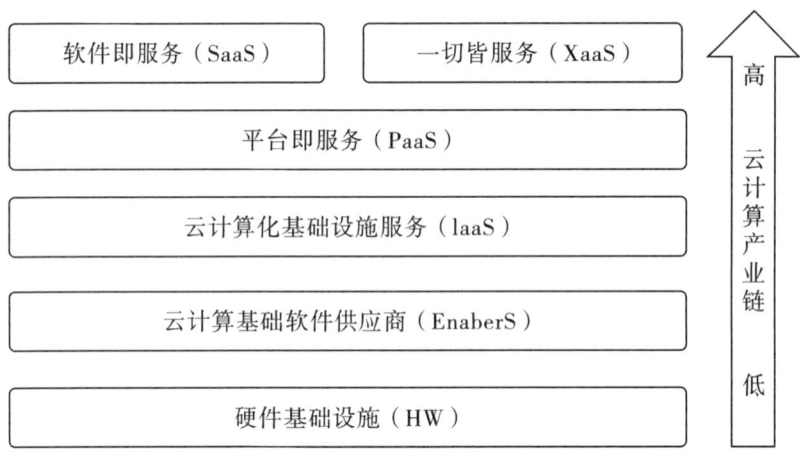

图2-17 云计算的种类及其产业链

第三章　软件服务业产业政策

一、产业政策基础知识

1. 产业政策的含义

从亚当·斯密发表《国富论》开始，人们就一直思考着一个问题，即经济政策是否影响各国的长期经济增长？虽然到目前为止仍无定论，争议不断，但任何国家，即使是市场经济国家，都会运用一系列政策工具，对产业的形成和发展进行干预，谋求国民经济内外部平衡，即实施产业政策。第二次世界大战以后，大多数发达国家和发展中国家都将产业政策作为调整产业的重要政策工具。

产业政策是国家为了实现一定的经济和社会目标而对产业进行干预的各种政策的总和。干预措施包括规划、引导、促进、调整、保护、扶持、限制等。产业政策的功能主要是弥补市场缺陷，有效配置资源；保护幼小民族产业的成长；熨平经济震荡；发挥后发优势，增强适应能力。

2. 产业政策的起源和发展

早在 18 世纪后期，美国刚刚独立发展国内经济时，遭到了来自英国进口货物的严重冲击，为了消减不利影响，保护国内产业，汉密尔顿在 1791 年的《制造业报告》中提出落后国家需要政府采用关税政策保护国内产业。

现代意义上的产业政策，可以追溯到德国经济学家李斯特的"幼稚产业保护论"，提出后起国家要通过适当的保护措施，使国内有发展潜力的幼小产业不至于因为国外的强大竞争而失去发展的机会和可能性，政府还必须通过制定比贸易保护更积极的措施，对幼小产业进行扶持，使幼小产业在有限的保护期内培养出竞争力，进而成为优势产业。该理论不但对德国的经济振兴提供了有力的依据和直接证明，而且对以后几乎所有后起国家产业政策的制定和经济发展产生深远影响。

1948 年，印度宣布了第一个产业政策，并且于 1956 年、1973 年、1980 年先后宣布了三个产业政策。制定和实施产业政策最典型的国家当推日本，第二次世界大战后，日本政府为了振兴经济，在 20 世纪 50—60 年代建立了复杂的产业政策体系，成效显著，日本仅用了 30 多年的时间，便成为仅次于美国的全球第二大经济体。可以说，"产业政策"一词受到重视源于日本产业政策的成功。日本政府产业政策的经验，受到了世界各国的高度重视。

1970—1972 年，国际经济与合作发展组织（OECD）曾编写过 14 个成员国的有关产业政策的一系列调查报告，意味着产业政策开始走向世界。

3. 产业政策的性质和作用

在产业政策性质问题的解释上，由于政策实施主体的不同，存在着两种传统观点，即"市场失效说"和"后发优势说"。

"市场失效说"认为先进工业化国家在国际分工体系中占领先优势，能相对稳定地保持竞争优势，因而产业政策的重点往往集中于调整竞争关系与反垄断方面。例如，美国的产业政策在很长时期内集中于产业组织方面，将产业政策视为弥补或纠正市场机制失灵的工具。

"后发优势说"主要是针对发展中国家而言的。第二次世界大战以后，兴起了"发展经济学"思想体系，经济学家试图设想一种特别适用于发展中国家的经济学，代表性发展经济学家包括：纳克斯、罗丹、普雷维升和辛格等。发展中国家一般都处在经济欠发达的阶段，市场机制不够健全、市场体系尚需完善，政府往往面临双重现实问题：不但要制定政策来弥补或修正市场在资源配置中的固有缺陷，而且要广泛运用各种政策调节因市场不完善带来的资源配置不合理的状况。

因此，就产业政策的性质来看，产业政策本质上与其他经济政策一样，是政府对市场经济的干预性措施，制定和实施产业政策就是政府通过事前或事后干预，来弥补或纠正市场机制的缺陷或局限性，保证市场经济正常运行。

然而，自诞生之日起，产业政策的作用也是一个争议不断的话题，"有没有必要""有多大必要""如何干预"成为争论的重要内容，即争论的焦点还是"产业政策的有效性"。

通常而言，产业政策是推动经济发展、实现经济赶超的重要手段，具有积极效应，但同时也会产生负面效应，例如政府的过度干预造成的企业创造力扼杀、经济失去效率和活力等。因此，在实施产业政策时，既要看到其有利的一面，也要辅以有效的改进措施，尽可能降低实施成本。

4. 产业政策的构成

产业政策发展到现在，已经形成了一个庞大的政策体系。虽然各国政府在产业政策的运用上各有侧重，但从产业政策运用领域的角度来说，产业政策体系主要有产业结构政策、产业组织政策、产业技术政策、产业保护和扶持政策和产业布局政策，以及其他对产业发展有重大影响的政策和法规。各类产业政策之间相互联系、相互交叉，形成一个有机的政策体系。

产业结构政策是在顺应经济发展自然过程的基础上，通过政策积极介入，改变产业间的比例关系，提高或减少某些产业在国民经济中的比重，加速产业结构调整与改造，确定产业发展序列，使整个国家的经济资源在产业结构上配置更为合理，更有利于国家总体经济效能的提高，有利于国家总体经济福利的提高。

产业组织政策是政府为提高市场竞争绩效，维护市场竞争秩序，通过影响市场结构和市场行为，调整产业内部企业的经济结构，为达到促进或扶持某些产业发展目标而制定的政策。

产业技术政策是政府为了促进产业发展，从科学技术角度介入，采取的一系列政策，产业技术政策既可以从宏观上影响产业结构变动，也可以从微观上影响产业内部变化，影响企业行为。

产业保护和扶持政策是政府从某些产业在产业发展中的地位及其在国际国内市场的竞争力出发，对于特定产业采取的支持和保护政策。

产业布局政策是政府基于国家的地理位置和自然资源禀赋，更好地发挥比较优势和区位优势，对于产业的发展从地域上进行分工，引导某些产业向具有区位、自然资源禀赋优势的地方集聚，促进产业集群的形成，提高国际竞争力。

二、软件产业政策的理论依据

管理学大师迈克尔·波特曾指出，从事产业竞争的是市场微观主体——企业，竞争优势的创造最终必然要体现到企业上，而不是政府，但是政府行为却对国家整体优势的影响举足轻重,因为政府会通过制定和执行合适的产业政策,为企业提供所需要的资源,并创造良好的产业发展环境。

软件产业是高技术产业的重要组成部分,是 21 世纪的朝阳产业,是决定国际竞争地位的战略型产业,具有很强的渗透和带动作用,但同时软件产业具有明显的公共产品性、外部性、不确定性和信息不对称性特征,在市场经济条件下,需要政府通过合理的政策手段进行干预。

1. 软件技术创新具有公共产品性

创新是软件产业发展的动力和核心,而创新具有明显的公共产品属性。由于创新过程非常复杂,将其简单化为公共产品或私人产品有些片面,实际上,技术创新兼有公共产品、私人产品和混合产品的性质。从产品形态来看,知识形态的技术创新产品容易产生"搭便车"现象,具有典型的公共产品性质;实物形态的技术创新产品具有私人产品的性质;专利形态的技术产品创新具有混合产品的性质。一般来说,技术创新需要高额的投入成本,如果成本不能得到有效补偿,企业将会选择引进技术,而不是自主创新,会导致技术创新的停滞。因此,在市场机制不能有效配置科技资源时,政府有必要进行干预。

2. 软件产业发展具有外部性

软件产业发展的外部属性主要体现在技术外溢上,软件产业在发展过程中,技术研发和创新的经济利益并没有或很少被技术创新主体所获取,而是产生正外部性,大部分以溢出的方式使其他公司或个人获益。软件产品开发出来后,其他市场主体很容易进行模仿、学习甚至窃取,软件复制成本极低,或没有成本,如不对知识产权进行有效保护或对技术创新者进行补偿,将极大减少创新者的回报率,对于软件产业的创新活动是一种沉重的打击。

3. 软件产业发展具有不确定性

软件从研发到商用的整个生命周期内,都可能面临技术、市场、财务、管理等方面的种种风险,充满着不确定性,其中软件产业面临的技术和市场风险最大,一项软件技术或产品研发出来,是否会获得市场的认可?接受程度如何?竞争力如何?都存在不确定性。此外,软件技术和产品更新换代速度太快,生命周期较短,如不能迅速实现产业化,将造成大量沉没成本。因此,不确定性的存在使软件产业面临诸多变数,需要政府干预,可以在一定程度上减少或纠正不确定性。

4. 软件产业发展具有信息不对称性

软件产业发展存在严重的信息不对称性。第一，软件产品和技术研发需要投入大量人力、财力和物力，研发活动需要严格保守技术和项目的秘密，如果不慎泄露出去，可能会严重影响到研发活动的开展。第二，软件企业为技术研发项目筹集资金却又不得不对外公布一些重要信息，使许多软件技术研发项目因遭遇资金瓶颈而难以进行，这样软件研发资金提供者和研发活动实施者之间难免就存在着信息不对称。第三，软件市场本身也存在信息不对称性，软件企业在进行软件产品和技术研发活动时，可能对市场和技术情况缺乏足够了解，对于风险的感知也会较少。第四，软件技术和产品交易过程存在信息不对称性，进而限制了软件企业从交易中获得有关知识产权或特许权利的能力。所以，软件产业发展中信息不对称性现象的存在，很可能引发逆向选择和道德风险，政府干预非常必要。

综上，正是由于软件产业具有公共产品性、外部性、不确定性和信息不对称性等特征，加上软件产业的战略性地位，世界各国大都积极制定和实施了软件产业政策，扶持、保护和促进本国软件产业的发展。

三、世界软件大国的产业政策

世界软件之林中，美国、日本、德国、印度、爱尔兰等几个国家的软件产业发展尤其引人瞩目，其中只有美国具有国内经济和人才充裕等软件产业发展的优势条件，印度和爱尔兰则并不具备像美国那样的绝对优势，自身国家内需不足，经济比较落后，却最终发展成为软件强国。总结其发展经验，他们无一不是利用本国的相对优势，通过合理的产业政策，积极发展动态比较优势而获得软件产业的高速增长。

1. 美国的软件产业政策

美国是世界上信息技术和信息产业最发达的国家，是第一信息产业强国。就软件产业而言，美国是全球软件产业的发源地，也始终是全球软件产业最发达的国家。美国以先进技术优势影响并带动着全球软件产业的发展，掌握着全球软件领域的关键核心技术。美国不但占据系统软件、支撑软件和网络应用软件等领域的主要市场，还控制着软件开发平台、开发工具和软件生产的核心环节，同时还拥有全球最大的软件销售网络。美国软件产业链完整，而且在产业链的每个重要环节都居于领先地位。

20世纪90年代以来,在一系列发展战略和计划的推动下,美国信息产业和信息技术发展迅速,并一直位居全球首位。1993年9月,美国政府颁布"国家信息基础设施"计划。1994年,美国又推出"全球信息基础设施"计划。两个计划是美国加速信息产业发展的纲领性文件,为美国信息产业的发展提供了框架和蓝图。1996年,美国总统克林顿宣布实施"下一代互联网"计划。1999年,美国实施"21世纪信息技术计划"。从2001年开始,美国实施"网络信息技术研究与开发计划",由联邦政府每年拨付大笔资金用于网络及安全、高端计算、软件、信息管理等方面的技术研发,在一系列信息技术发展战略和计划中,软件都是重要组成部分,为美国软件产业的发展奠定了重要基础。

美国不但通过一系列信息技术战略和计划推动软件产业的发展,而且积极采取激励政策促进软件产业的发展。由于美国是一个市场经济高度发达、崇尚市场自由竞争的国家,美国并没有针对软件产业出台专门的政策,也没有单独制定或颁布税收优惠措施,但美国科研机构作为非盈利机构免征各项税收,而且美国对于企业研发(R&D)费用实行税收优惠。此外,美国政府限制高新技术产品出口,政府优先采购国产高技术产品,其中软件采购占软件市场份额的20%,对软件产业起到了极大的促进作用。

2. 欧盟的软件产业政策

20世纪90年代,欧盟就把加快信息社会发展作为一项重要的战略目标。1993年,欧盟委员会发布《增长、竞争与就业:进入21世纪的挑战与历程》,提出建设欧盟信息社会的初步构想。1994年,欧盟通过《欧洲信息高速公路计划》,指出欧洲信息社会建设的总体目标和重点建设领域。1998年,欧盟理事会通过《欧洲信息社会行动计划》。2000年,欧盟提出"里斯本战略",目标是争取在2010年前使欧盟成为世界最具竞争力的知识经济体。2005年6月,欧盟推出《2010——面向增长和就业的欧洲信息社会计划》,强调发展数字经济是信息和通信技术成为驱动生活质量提升的主要动力。2010年,欧盟正式通过了《欧盟2020战略》,欧盟在未来10年内将重点关注科技创新、研发、教育、清洁能源及劳动力市场自由化,并设立了一系列具体目标和行动计划。例如在发展信息和通信技术方面:规定研发投入占欧盟GDP比重由1.9%增加至3%;倡议建立以促进聪慧增长为目标的"创新联盟";提出"欧洲数字化议程"等。"欧洲数字化议程"主要目的是建立统一数字市场、加大信息技术研发投资和更多应用信息通信技术应对气候变化和人口老龄化问题。

在财政支持研发方面，欧盟加强研发与创新投入，以提高欧盟研发能力和国际竞争力。2003年4月，欧盟出台研发经费占GDP比例由现在1.94%达到2010年的3%的行动计划。欧盟对于研发的投入主要体现在《研究与技术开发框架计划》，从1984年开始共实施7个研发框架计划，第七研发框架计划于2007年1月启动，为期7年，其中合作计划经费324亿欧元，包括10大主题研究领域，第三大领域为信息通信技术，经费达91亿欧元，占合作计划经费的28%。

由于欧盟是一个区域经济主权国家联合体，除了欧盟制定战略和规划、提供财政预算投入研发外，欧盟各成员国也在制定本国的信息技术和信息社会发展战略和规划，各成员国也大力投入财政资金支持研发工作。在税收政策激励方面，欧盟非常重视税收激励政策对研发和产业发展的重要性，但税收自主权在成员国手中，由各成员国通过制定税收激励措施支持高技术领域，例如，德国对信息技术、生物技术、激光技术等高技术领域实施税收优惠政策，包括免税、部分免税、按较低税率征税、特别折旧等；法国也对科技企业实行税收激励措施，包括投资抵免、科技人员所得免税、高新技术园区公司所得税连续10年免税等；英国虽没有专门针对软件的优惠政策，但英国给予技术和产品的研发活动以政策优惠；等等。

3. 日本的软件产业政策

20世纪70年代，日本制订了信息技术发展计划，在引进技术的基础上，立足开发创新，分三个实施阶段：第一阶段重点引进和发展计算机整机；第二阶段重点开发超大规模集成电路芯片技术；第三阶段重点开发软件和系统集成，以促成日本信息产业"软件"和"硬件"协同发展。

为促进软件产业发展，早在1970年，日本就颁布了《信息处理振兴实业协会法》来鼓励和刺激软件和信息处理业务的发展。1983年，日本通过《地区软件法》，以促进东京以外地区软件开发。为缩小与美国软件产业技术的差距，日本于1989年制定了《软件生产开发事业推进临时措施法》，实施软件产业鼓励政策；修改了《著作权法》，将计算机软件和数据库纳入著作权保护范围。

20世纪90年代，日本提出"技术立国"的口号，较大幅度增加科研投资和设立科研机构，大力推进基础研究与应用研究。21世纪以来，日本信息化技术政策的重点是发展信息化网络，推广网络应用技术，将日本建设成信息化技术强国。日本政府于2000年制定了《高度信息网络社会形成基本法》，明确制定了信息化政策的基本方针、领导机构和基本内容，是日本政府推进信息化政策措施的法律依据。2001年，日本发布了《e–Japan战略》。2003年，日本发布了《e–Japan战略Ⅱ》。2004年，日本提出《u–Japan》构想，旨在将日本建成一个"任何时间、任何地点、任何物品、任何人"都可以上网的互联网环境。2009年，日本发布最新的国家信息技术发展战略《i–Japan战略2015》，并在2010年进一步出台了《新信息通信技术战略》和《信息经济革新战略》，大力推进信息技术应用和信息产业发展。

日本政府非常重视科技研发，实行科技预算支出立法，规定国家在一定时期内用于科技支出的经费预算不能少于GDP的2.5%，其中用于研发的部分不能低于1.2%。

日本通过税收优惠政策鼓励企业研发和中心企业发展，制定了《促进基本技术研究税则》《增加实验研究费税额扣除制度》等税收政策与法则，支持高技术的研究与开发活动。1989年，日本《软件生产开发事业推进临时措施法》通过并实施一系列减免税政策和优惠政策：增加30%的科研税务信贷；扣除50%的"软件提供收入"作为软件开发储备金；培养软件工程师费用的20%予以免税处理；软件销售收入2.5%作为意外损失储备金予以免税。

除了制定法律法规、信息技术战略和税收优惠政策，日本还通过财政补贴、政策性金融等手段扶持软件产业发展。例如，规定对高新技术园区的企业、科研机构实施补助，对于园区内企业的研发活动，政府给予50%的财政补贴；通过政策性银行或中小企业融资公司对软件企业提供低息或贴息贷款；成立信用担保协会和中小企业信用保险公司，对中小企业提供信用担保。

4. 印度的软件产业政策

软件产业是印度服务业的主导产业，政府的支持是印度软件产业快速发展的重要因素。20世纪80年代中期以来，印度历届政府都把信息技术产业，尤其是软件产业置于优先发展地位，以期带动国家整体实力的提高。1986年，印度政府相继制定和颁布《计算机软件出口、软件开发和培训政策》《软件技术园计划》《印度信息技术行动计划》等一系列扶持政策。为了促进软件产业快速发展，印度政府成立"软件发展局"，负责组织和协调全国软件产业发展，软件发展局每年都有一笔专款用于开拓国际市场，并经常就软件出口对策进行大规模专项研究。

1998年，瓦杰帕伊就任印度总理，组建信息技术部和以国家总理为组长的"国家信息技术特别工作组"，向政府提交《印度信息技术行动计划》，倾力为软件企业提供政策支持。《印度信息技术行动计划》是关于印度政府长期引导IT产业发展的政策建议，其中1998年7月4日提交的第一个报告包含108条建议，其中就有软件产业零关税和零消费税、减免软件产品和服务进口所得税等税收优惠政策，后来印度政府基本全部采纳这些建议。从2000年开始，印度政府提出"2008年，百万软件人才"的口号，争取在未来使印度成为全球举足轻重的科技巨人。

为了给软件业快速发展创造良好环境，推动软件产业快速发展，印度政府在财政税收政策、进出口政策、金融政策、知识产权保护政策等方面向软件产业倾斜，例如，为了鼓励出口，《所得税法案》规定对于全部出口的新建企业获得的出口收益连续10年全部减免所得税，对于购买的计算机及软件，企业在缴纳所得税时，第一年可以按照账面价值的60%计提折旧进行税前扣除，对于电子产品的套装软件征收8%的消费税，但是按客户需求定制的软件免税；《印度关税法案》规定，对于信息技术软件免征基础关税，为了提高进口计算机的质量，引进国外的先进技术，政府放宽对计算机进口的限制，并大幅降低关税，经济特区内的企业进出口商品免征关税，其从国内关税区购买的商品免征消费税并予以其他退税等优惠；放宽外资软件企业进入印度的壁垒，允许外方控股可达75%~100%，积极吸引国际软件巨头进入印度；创造有利于软件产业发展的法律环境，对版权、软件出租、用户备份等都作了具体的规定，同时，印度政府还维护软件创作者的权益，严厉打击盗版活动，对侵权行为予以惩处和罚款；等等。

2009年，印度支持软件产业发展的许多政策尤其是财税优惠政策到期，印度政府决定暂时延长这些政策，同时也在谋划出台新的政策。2011年，印度政府制定了《2011国家电子产业政策》《2011国家信息技术政策》和《2011国家通信产业政策》，提出印度下一步发展信息产业的众多政策措施。

此外，为了发展软件产业，印度在软件园区建设、基础设施建设、研发投入、人才培养等方面也实施了多项计划和支持政策。一系列软件产业政策的制定和实施，使印度软件产业取得了举世瞩目的成就，印度现在已经成为世界五大软件供应国之一，其软件产业约占世界市场份额的20%，年出口量仅次于美国。世界银行对计算机软件出口国家能力的调查评估显示，印度软件产业出口的规模、质量和成本等综合指数位居世界第一位。

5. 国外软件产业政策对我国的启示

综合来看，政府可以通过制定产业发展战略和规划，引导软件产业的发展方向；通过加大向软件研发领域的财政投入，并通过制定一系列鼓励性或优惠性的产业发展和税收激励政策，培育和扶持软件企业发展；通过加强立法，完善法律环境，保护公平竞争的市场规则，规范软件市场发展，为软件产业保驾护航。

对我国来说，软件产业还是一个新兴产业，还处于培育和扶持的阶段，需要有一个积极的政策环境和稳定、健全的法律环境，政府发挥作用的空间还很大。学习并借鉴主要国家软件产业的特点和有关产业政策，制定符合中国国情的软件产业政策，对于促进我国软件产业快速平稳发展具有重要意义。

四、中国的软件产业政策

软件产业是信息产业的核心是国民经济基础性、战略性产业，直接关系到国家政治、经济和社会的安全，软件产业已成为世界各国争夺科技制高点的关键领域。中国明确提出要优先发展信息产业，在经济和社会各领域广泛应用信息技术，以信息化带动工业化走新型工业化道路。在我国的软件产业形成和发展过程中，政府起了至关重要的作用。国家软件产业政策不断完善，在优化软件市场结构、规范软件市场行为、提高软件产业绩效、拉动软件产业发展、推动软件产业合理布局及产业集聚，以及鼓励技术创新和拉动内需等方面取得了显著的成效。

1. 国家战略与规划

（1）"863 计划"。

1986 年 3 月，王大珩、王淦昌、杨嘉墀、陈芳允 4 位科学家给中共中央写信，提出"关于跟踪研究外国战略性高技术发展的建议"，建议经过广泛、全面和极为严格的科学与技术论证后，被命名为"863 计划"。中共中央、国务院批准了《高技术研究发展计划（863 计划）纲要》。旨在提高我国自主创新能力，坚持战略性、前沿性和前瞻性，以前沿技术研究发展为重点，统筹部署高技术的集成应用和产业化示范，充分发挥高技术引领未来发展的先导作用。

在"863 计划"里专门设立软件重大专项、重点支持系统软件（操作系统和数据库管理系统）、软件中间件，以及重大应用共性软件的研发。近年来，软件项目在"863 计划"中所占比重日益增大，彰显了国家对软件产业的重视程度和扶持力度不断提高。

(2) 2000年以来的国家战略和规划。

2002年7月24日，国务院信息化工作办公室发布《振兴软件产业行动纲要（2002—2005年）》（国办发〔2002〕47号），指出软件产业是国民经济和社会信息化的基础性、战略性产业，提出振兴软件产业指导思想：贯彻"以信息化带动工业化"的方针，以市场为导向，以企业为主体，充分利用国内外两种资源、两个市场，优化产业发展环境，努力满足国内市场需求，积极扩大出口。依靠体制创新和技术创新，加大人才培养力度，推进结构调整，壮大产业规模，提升国际竞争力，逐步形成具有自主知识产权的软件产业体系，实现我国软件产业的跨越式发展。

2005年12月26日，国务院发布《国家中长期科学和技术发展规划纲要（2006—2020年）》（国发〔2005〕44号），将信息产业及现代服务业列为11个重点领域及其优先主题之一，提出重点研究开发金融、物流、网络教育、传媒、医疗、旅游、电子政务和电子商务等现代服务业领域发展所需的高可信网络软件平台及大型应用支撑软件、中间件、嵌入式软件、网格计算平台与基础设施，软件系统集成等关键技术，提供整体解决方案。

2006年2月7日，国务院发布《关于实施"国家中长期科学和技术发展规划纲要"的若干配套政策的通知》（国发〔2006〕6号），提出营造激励自主创新的环境，推动企业成为技术创新的主体，努力建设创新型国家，从科技投入、税收激励、金融支持、政府采购、引进消化吸收再创新、创造和保护知识产权、人才队伍、教育与科普、科技创新基地与平台、加强统筹协调10个方面提出若干配套政策。

2006年3月16日，第十届全国人民代表大会第四次会议批准通过《中华人民共和国国民经济和社会发展第十一个五年规划纲要》，指出要加快发展高技术产业，将集成电路和软件列为高技术产业工程重大专项，发展基础软件、中间件、大型关键应用软件和集成系统，实现关键软件产业化，将高可信网络化基础软件列为重大科技基础设施。

2006年6月1日，中共中央办公厅、国务院办公厅发布《2006—2020年国家信息化发展战略》（中办发〔2006〕11号），在我国信息化发展指导思想、战略方针和战略目标的基础上，确立了我国信息化发展的战略重点，列出了优先制定和实施战略行动计划的内容和范围，并提出了一系列保障措施。由于软件产业是信息产业的重要组成部分，《发展战略》对于软件产业发展具有重要意义。

2007年1月23日，国家发展改革委、科技部、商务部、知识产权局联合发布了《当前优先发展的高技术产业化重点领域指南（2007年度）》，确定了优先发展的十大产业共130项高技术产业重点领域，其中"软件"是第8项。

2007年12月26日，国家发展改革委印发《高技术产业化"十一五"规划》，确立信息产业领域、生物产业领域等十大重点发展领域，指出信息产业领域要优先发展集成电路、软件和新型元器件等核心基础产品，实现集成电路设计、集成电路工艺和基础软件核心技术的突破，支撑产业发展，设置软件和集成电路转向等16个高技术产业重大专项，其中关于软件产业的规划包括：重点加强数据库和操作系统等基础软件的开发和产业化，推广应用国产Linux软件和系统，积极发展中间件、构件和嵌入式软件，以及关键行业大型应用软件和集成系统；提高自主开发软件国内市场占有率。

2009年4月15日，国务院办公厅发布了《电子信息产业调整和振兴规划》，规划期为2009—2011年，围绕电子信息产业9个重点领域，完成确保骨干产业稳定增长、战略性核心产业实现突破、通过新应用带动新增长三大任务。《规划》将软件产业列为战略性核心产业，指出要提高软件产业自主发展能力，依托国家科技重大专项，着力提高国产基础软件的自主创新能力；支持中文处理软件（含少数民族语言软件）、信息安全软件、工业软件等重要应用软件和嵌入式软件技术、产品研发，实现关键领域重要软件的自主可控，促进基础软件与CPU的互动发展；加强国产软件和行业解决方案的推广应用，推动软件产业与传统产业的融合发展；鼓励大型骨干企业整合优势资源，增强企业实力和国际竞争力；引导中小软件企业向产业基地集聚和联合发展，提高软件行业国际合作水平。

2010年10月10日，国务院办公厅发布《国务院关于加快培育和发展战略性新兴产业的决定》（国发〔2010〕32号），指出战略性新兴产业是引导未来经济社会发展的重要力量，发展战略性新兴产业已成为世界主要国家抢占新一轮经济和科技发展制高点的重大战略。《决定》将新一代信息技术产业列为战略性新兴产业，提出要加快建设宽带、泛在、融合、安全的信息网络基础设施，推动新一代移动通信、下一代互联网核心设备和智能终端的研发及产业化，加快推进三网融合，促进物联网、云计算的研发和示范应用；着力发展集成电路、新型显示、高端软件、高端服务器等核心基础产业；提升软件服务、网络增值服务等信息服务能力，加快重要基础设施智能化改造；大力发展数字虚拟等技术，促进文化创意产业发展。

2011年6月23日，国家发展改革委、科技部、工业和信息化部、商务部和知识产权局联合发布了《当前优先发展的高技术产业化重点领域指南（2011年度）》，确定了当前优先发展的十大产业共137项高技术产业化重点领域，其中"软件及应用系统"是第7项，相比2007年《重点领域指南》，2011年《重点领域指南》根据软件产业发展的最新动态调整和补充了大量内容。

 补充内容

《当前优先发展的高技术产业化重点领域指南（2011年度）》中"软件及应用系统"领域的具体内容

服务器操作系统、桌面操作系统和网络（云计算）操作系统，数据库管理系统和支撑软件，多媒体数据库以及检索系统；嵌入式操作系统、嵌入式软件开发平台等核心支撑软件；基础中间件、云计算资源自动调度管理中间件、面向应用的中间件；基于Web服务的核心软件，面向Web服务计算环境的网络系统软件，基于各种相关软件技术研究和软件开发平台研制的网构化软件生产平台。

高性能计算机应用软件和跨平台共性应用软件（CAD、图像处理等），虚拟现实与平台；网络搜索引擎，中文的全文检索，中文信息处理（含少数民族语言信息处理、中文和外文间的机器翻译），文字识别、语音合成与识别。分布式无线射频编码解析服务系统软件、编码解析安全管理系统软件，RFID技术公共服务平台；物联网应用平台，信息组织、控制、处理技术和软件系统，RFID与无线通信、传感技术、生物识别等技术融合系统，电子政务信息系统，包括政务办公和决策支持系统、政府综合监管系统、预警预报与应急响应系统、执法系统、公共服务系统、舆情监测分析系统、经济运行分析系统与监测预警系统、政务信息公开目录及交换体系、绩效评估分析体系、政府信息资源数据中心、安全认证及保障平台；电子商务信息系统，包括交易与服务、供应链管理、加密与电子认证、在线支付、信用管理、多式联运技术与系统及相关应用产品，物流信息服务技术与平台；社会信息化系统，包括社会保障、医疗保障系统、社区服务管理系统、教育培训系统、城市应急联动信息系统等；企业信息化系统，包括企业信息基础设施、协同设计与仿真、产品数据管理系统、企业资源管理系统等；工业软件，重要行业的管理和应用软件。

2011年3月16日,第十一届全国人民代表大会第四次会议批准通过《中华人民共和国国民经济和社会发展第十二个五年规划纲要》,第三篇第十章主题为培育发展战略性新兴产业成为先导性、支柱性产业,推动重点领域跨越发展。新一代信息技术产业被列为战略性新兴产业,新一代信息技术产业将重点发展新一代移动通信、下一代互联网、三网融合、物联网、云计算、集成电路、新型显示、高端软件、高端服务器和信息服务。

2011年12月30日,国务院印发《工业转型升级规划(2011—2015年)》,提出了工业转型升级的重点任务,"提高工业信息化水平"是重点任务之一,而软件是支撑信息化发展的重要产品和技术,例如嵌入式系统和工业软件。《规划》提出了重点领域的发展导向,对于软件业而言,坚持以系统带动整机和软硬件应用、以应用带动产业发展,促进软件业做强做大,除列举重点支持和发展的具体软件项目外,《规划》还强调着力培育龙头企业,鼓励中小软件企业特色化发展,形成良好的产业生态环境;推动中国软件名城创建;"十二五"期间,软件业年均增速应保持在22%以上,将信息产业比重提高到20%以上。

(3)工业和信息化部规划与政策。

2001年5月,信息产业部发布《信息产业"十五"计划纲要》,指出信息产业作为国民经济的基础产业、先导产业、支柱产业和战略性产业,对国民经济、国家安全、人民生活和社会进步正在发挥着越来越重要的作用,发展信息产业、加速推进信息化,提高信息产业在国民经济中的比重具有重大而深远的历史意义和现实指导意义。软件业是发展重点之一,提出以市场为导向,以国民经济发展需要和信息安全为出发点,实施软件产业化专项工程,建成我国软件产业体系;改进软件的传统开发方法和管理方式,推进以构件为基础的软件工业化生产;对于应用软件,主要是创造良好的政策环境,鼓励各种所有制的企业参与应用软件的开发和社会服务;大力鼓励软件国际化和软件出口。

2007年3月1日,信息产业部发布《信息产业"十一五"规划》,指出集成电路、软件、新型元器件等核心基础产业成为产业竞争的关键,将"壮大软件产业"列为主要任务与发展重点之一,提出推动软件产业政策法制化,提升自主创新和产业化能力,促进优势企业发展,调整产业结构,做大产业规模的发展思路,具体任务包括:大力发展自主品牌软件产品和服务;加强软件企业开发及质量管理体系建设,提高软件工程化水平;重点支持基础软件、行业应用软件、开发工具、中间件和软件外包;积极发展网络游戏、动漫等新兴数字内容产业；继续推动软件正版化工作。确立了12项"重大工程"，其中软件为第2项，提出：推动建立重点领域、区域的公共软件开发平台和行业性软件测试平台，加快国家软件产业基地和出口基地建设；积极推广面向服务架构和复用技术的应用，组织开展基于Linux系统的电子政务示范、中间件与嵌入式系统开发及产业化、行业大型应用软件系统开发与推广应用工程，提升具有自主知识产权的基础软件和应用系统开发水平，培育骨干企业和拳头产品，提高自主软件的国内市场占有率，增强软件企业的国际竞争力。

2008年1月9日，信息产业部编制《软件产业"十一五"专项规划》（简称《专项规划》），目的在于进一步推动我国软件产业的发展。《专项规划》指出，软件产业作为国家的基础性、战略性产业，在促进国民经济和社会发展信息化中具有重要的地位和作用，软件产业的发展，不仅直接关系到我国信息产业竞争能力的提升，而且关系到国家以信息化带动工业化，走新型工业化道路的进程，同时，对于保障国家信息安全和经济安全，增强国防实力，也具有重要的战略意义。《专项规划》在对"十五"期间软件产业发展状况进行回顾的基础上，对软件产业未来的技术发展趋势、市场趋势、产业发展面临的机遇和挑战进行了分析，确立了"十一五"期间软件产业的发展思路，即"全面落实科学发展观和构建和谐社会主义社会的战略思想，加强产用结合，做大产业规模；促进自主创新，提高产业竞争力；健全产业链条，大力发展软件服务；完善发展环境，确保产业可持续发展"。《专项规划》提出了细化的发展目标，包括市场目标、结构调整目标、技术创新目标和人才队伍规模目标。确立发展重点为基础软件、信息安全软件、行业应用软件、嵌入式软件、数字内容处理和智能中文信息处理软件，并提出发展软件产业的对策措施。

2012年4月6日，工业和信息化部制定了《软件和信息技术服务业"十二五"发展规划》，指出软件和信息技术服务业是关系国民经济和社会发展全局的基础性、战略性、先导性产业，对经济社会发展具有重要的支撑和引领作用，发展和提升软件和信息技术服务业，对于推动信息化和工业化深度融合，培育和发展战略性新兴产业，建设创新型国家，加快经济发展方式转变和产业结构调整，提高国家信息安全保障能力和国际竞争力具有重要意义。虽然我国软件和信息服务业发展迅速，但产业规模和实力仍不能满足社会发展需要，仍存在一些制约产业发展的突出问题。"十二五"时期是全球软件和信息技术服务业转型的关键时期，也是我国软件和信息技术服务业加快发展和提升的重要战略机遇期。"十二五"时期的发展重点是基础软件、工业软件与行业解决方案、嵌入式软件、信息安全软件与服务、信息系统集成服务、信息技术咨询服务、数字内容加工处理、服务外包、新兴信息技术服务和集成电路（IC）设计。

知识链接

中华人民共和国工业和信息化部

工业和信息化部，是2008年中国"大部制"改革背景下，根据十一届人大政府机构改革方案而新组建的中央部委。中央将国家发改委的工业管理有关职责、国防科工委除核电管理以外的职责，以及信息产业部和国务院信息化工作办公室的职责加以整合，划入工业和信息化部，不再保留国防科工委、信息产业部和国务院信息办。

工业和信息化部的职能是推进我国的信息化和工业化相融合，走新型工业化道路，落实科学发展观，推进高新技术与传统工业改造结合，推进军民结合、寓军于民，促进工业由大变强，加快推进国家信息化建设。具体职责包括：拟订、组织实施工业行业规划、产业政策和标准；监测工业行业日常运行；推动重大技术装备发展和自主创新；管理通信业，指导推进信息化建设；协调维护国家信息安全，等等。

工业和信息化部下设软件服务业司，职责包括：指导软件业发展；拟订并组织实施软件、系统集成及服务的技术规范和标准；推动软件公共服务体系建设；推进软件服务外包；指导、协调信息安全技术开发。

2. 纲领性政策

2000年6月24日，国务院发布《国务院关于印发鼓励软件产业和集成电路产业发展若干政策的通知》（国发〔2000〕18号，业界称"18号文"），旨在推动我国软件产业和集成电路产业的发展，增强信息产业创新能力和国际竞争力，带动传统产业改造和产品升级换代，进一步促进国民经济持续、快速、健康发展。"18号文"在制定政策目标的基础上，制定了"若干政策"，包括投融资政策、税收政策、产业技术政策、出口政策、收入分配政策、人才吸引与培养政策、采购政策、软件企业认定制度、知识产权保护、行业组织与行业管理、集成电路产业政策。"18号文"印发以来，我国软件产业和集成电路产业快速发展，产业规模迅速扩大，技术水平显著提升，有力推动了国家信息化建设，但与国际先进水平相比，还存在较大的差距，还有许多问题需要解决。鉴于全球软件产业发展突飞猛进，新产品和技术层出不穷，更新换代周期大幅缩短，"18号文"实施将近10年，被"新18号文"替代。

2011年1月28日，国务院发布《国务院关于印发进一步鼓励软件产业和集成电路产业发展若干政策的通知》（国发〔2011〕4号，业界称"新18号文"），旨在进一步优化软件产业和集成电路产业发展环境，提高产业发展质量和水平，培育一批有实力和影响力的行业领先企业。"新18号文"从财税政策、投融资政策、研究开发（R&D）政策、进出口政策、人才政策、知识产权政策、市场政策和政策落实等八个方面支持软件产业和集成电路产业发展。

 **政策要点**

"新18号文"：软件产业转型期的新政策纲领

2000年出台的"18号文件"是首个国家层面的软件产业政策，它的贯彻执行开启了我国软件产业规模年均增长38%的"黄金十年"，极大促进了软件产业发展水平的快速提升，是我国软件产业发展史上首个具有不可替代重要地位的先导性文件。

在信息化已经深入社会生活的各个领域以及"十二五"规划大力扶持新兴产业的背景下，2011年初出台的《进一步鼓励软件产业和集成电路产业发展的若干政策》（国发〔2011〕4号文，即"新18号文"）将成为又一个国家发展软件产业的纲领性政策文件，带动软件产业政策体系的不断健全和完善，为软件产业发展营造更加良好的政策环境和社会氛围，成为我国软件产业发展的重要制度保障，推动我国软件产业发展水平的进一步提升。

"新18号文"是对原有"18号文件"的继承和突破，其特点主要表现在以下方面：

第一，在税收优惠方面。一是"新18号文"在税收优惠方面保持了政策的一致性和连续性；二是提出了新的营业税优惠政策，对软件开发与测试、信息系统集成、咨询和运营维护、集成电路设计等服务类业务收入，给予免征营业税的优惠政策；三是针对软件企业在实际经营中遇到的部分细节困难提出了解决办法。

第二，10多年前出台的原"18号文"的政策内容已经不能完全满足软件产业日新月异的发展需要，投融资、出口、人才、市场培育等问题仍限制着我国软件产业的发展。鉴于此，"新18号文"针对产业全面发展和产业环境优化的需要，对这部分内容进行了调整和充实。投融资政策方面，为实现当前软件产业转型升级，促进产业整体发展水平跃升的总体目标，"新18号文"明确要求要利用中央预算内投资支持企业技术进步和技术改造项目，鼓励软件企业加强技术开发综合能力建设；同时，"新18号文"尤其重视大型软件企业的发展，针对企业重组并购过程中可能遭遇的体制性障碍，对有关部门和地方政府提出了明确要求。此外，在原"18号文"基础上，"新18号文"提出加强创新投资基金、股权投资基金方面的工作，发挥其引导作用，重申了支持企业运用发行股票、债券等方式筹集资金的精神。在此基础上，为进一步吸引社会资本和拓展融资渠道，还提出支持和引导地方政府建立贷款风险补偿机制、健全知识产权质押登记制度，并明确要求政策性金融机构和商业性金融机构支持重点项目建设、改善金融服务、创新信贷品种。

第三，近年来在我国离岸软件外包利润空间被挤压、软件企业受到汇率上升等负面因素影响的情况下，在岸外包将成为我国外包企业发展的重点。"新18号文"首次提出，"积极引导企业将信息技术研发应用业务外包给专业企业。鼓励政府部门通过购买服务的方式将电子政务建设和数据处理工作中的一般性业务发包给专业软件和信息服务企业"，注重培育国内市场，鼓励国内企业、政府部门进行业务外包，将推动国内软件外包企业在岸市场业务的开展。

第四，对于进出口政策，"新18号文"除了继续贯彻原"18号文"中明确的信贷支持、给予软件自营出口权、提供便捷海关服务、简化国际交流人员出入境审批手续等优惠制度，还提出了对软件企业临时进口自用设备的便利措施，创新性地提出政策性金融机构可对软件企业与资信等级较高的国外企业签订的软件出口合同提供贷款支持。同时，着眼于软件产业的国际化发展、推动软件和信息服务出口，提出支持企业大胆"走出去"，建立境外营销网络，设立研发中心。

第五，在人才政策部分，"新18号文"围绕产业人才培养和引进提出了一系列措施，而知识产权保护政策较原18号文件也得到了进一步加强。

总体看来，"新18号文"配合软件企业向高端发展、实现做大做强目标的迫切需求，提出了一系列进一步支持软件产业发展的新的政策措施，更加注重市场的培育和规范，提倡企业和政府部门采购专业的外包服务，拓展市场空间；推动大中型企业将其现有信息技术研发应用业务机构成立专业软件和信息服务企业，为全行业和全社会提供服务，以进一步拉动内需市场；进一步规范软件市场秩序，加强反垄断等工作，促进软件市场的公平竞争，并完善了网络环境下消费者隐私及企业秘密保护制度。对于正在转型中的中国软件产业而言，"新18号文"的出台无疑具有重大意义，是新时期软件产业政策的里程碑式文件。

资料来源：友商网

3. 财税激励政策

2000年9月22日，财政部、国家税务总局和海关总署联合发布了《关于鼓励软件产业和集成电路产业发展有关税收政策问题的通知》（财税〔2000〕25号），为了贯彻落实"18号文"，就鼓励软件产业和集成电路产业发展的有关税收政策做了具体的规定，其中鼓励软件产业发展的税收政策包括：①自2000年6月24日起至2010年年底以前，对增值税一般纳税人销售其自行开发生产的软件产品，按17%的法定税率征收增值税后，对其增值税实际税负超过3%的部分实行即征即退政策。所退税款不作为企业所得税应税收入，不予征收企业所得税。增值税一般纳税人将进口的软件进行转换等本地化改造后对外销售，可参照自行开发生产的软件产品的有关规定。① ②对我国境内新办软件生产企业经认定后，自开始获利年度起，第一年和第二年免征企业所得税，第三年至第五年减半征收企业所得税。③对国家规划布局内的重点软件生产企业，如当年未享受免税优惠的，减按10%的税率征收企业所得税。④软件生产企业的工资和培训费用，可按实际发生额在计算应纳税所得额时扣除。⑤对经认定的软件生产企业进口所需的自用设备，以及按照合同随设备进口的技术（含软件）及配套件、备件，不需出具确认书、不占用投资总额，除国务院国发〔1997〕37号文件规定的《外商投资项目不予免税的进口商品目录》和《国内投资项目不予免税的进口商品目录》所列商品外，免征关税和进口环节增值税。⑥企事业单位购进软件，凡购置成本达到固定资产标准或构成无形资产，可以按照固定资产或无形资产进行核算。内资企业经主管税务机关核准；投资额在3000万美元以上的外商投资企业，报由国家税务总局批准；投资额在3000万美元以下的外商投资企业，经主管税务机关核准，其折旧或摊销年

---

① 根据财税〔2011〕100号，本款规定于2011年1月1日起废止。

限可以适当缩短，最短可为 2 年。

2002 年 10 月 10 日，财政部和国家税务总局联合发布《关于进一步鼓励软件产业和集成电路产业发展税收政策的通知》（财税〔2002〕70 号），主要针对集成电路产业做出了补充规定。此外，对于软件产业和集成电路产业投资西部做出了税收优惠规定：自 2002 年 1 月 1 日起至 2010 年年底，对国内外经济组织作为投资者，以其在境内取得的缴纳企业所得税后的利润，作为资本投资于西部地区开办集成电路生产企业、封装企业或软件产品生产企业，经营期不少于 5 年的，按 80% 的比例退还其再投资部分已缴纳的企业所得税税款。再投资不满 5 年撤出该项投资的，追缴已退的企业所得税税款。

2003 年 5 月 29 日，国家税务总局发布《关于软件企业和高新技术企业所得税优惠政策有关规定执行口径等问题的通知》（国税发〔2003〕82 号）[①] 对财税〔2000〕25 号和财税〔2002〕70 号文件的政策执行口径做出了说明。

2004 年 5 月 12 日，国家税务总局《关于增值税一般纳税人销售软件产品向购买方收取的培训费等费用享受增值税即征即退政策的批复》（国税函〔2004〕553 号）规定，增值税一般纳税人自 1999 年 10 月 1 日起销售软件产品（指享受增值税即征即退政策的软件产品）向购买方收取培训、维护等价外费用，已按现行规定征收增值税但未享受增值税即征即退政策的，准予办理增值税退税手续。

2005 年 7 月 1 日，财政部和国家税务总局发布《关于外商投资企业执行软件和集成电路企业所得税政策有关审批程序的通知》（财税〔2005〕109 号），宣布财税〔2000〕25 号文件第一条第 6 项和第二条第 2 项关于"投资额在 3000 万美元以上的外商投资企业报由国家税务总局批准；投资额在 3000 万美元以下的外商投资企业，经主管税务机关核准"的规定停止执行。企业可在所得税纳税申报时自行确定符合财税〔2000〕25 号文件第一条第 6 项规定和第二条第 2 项规定的购进软件或生产性设备的折旧或摊销年限，但该折旧或摊销年限一经选定，不得任意变动。

2008 年 7 月 18 日，财政部和国家税务总局发布《关于嵌入式软件增值税政策的通知》（财税〔2008〕92 号）[②]，就嵌入式软件增值税政策做了明确规定。

---

① 根据国家税务总局公告〔2011〕第 2 号文件规定，本文于 2011 年 1 月 1 日起废止。
② 根据国家税务总局公告〔2011〕第 2 号文件规定，本文于 2011 年 1 月 1 日起废止。

2009年7月17日,财政部和国家税务总局发布《关于扶持动漫产业发展有关税收政策问题的通知》(财税〔2009〕65号),旨在促进我国动漫产业健康快速发展,增强动漫产业的自主创新能力,规定:①关于增值税,在2010年12月31日前,对属于增值税一般纳税人的动漫企业销售其自主开发生产的动漫软件,按17%的税率征收增值税后,对其增值税实际税负超过3%的部分,实行即征即退政策。①②关于企业所得税,经认定的动漫企业自主开发、生产动漫产品可申请享受国家现行鼓励软件产业发展的所得税优惠政策。③关于营业税,对动漫企业为开发动漫产品提供的动漫脚本编撰、形象设计、背景设计、动画设计、分镜、动画制作、摄制、描线、上色、画面合成、配音、配乐、音效合成、剪辑、字幕制作、压缩转码(面向网络动漫、手机动漫格式适配)劳务在2010年12月31日前暂减按3%税率征收营业税。②④关于进口关税和进口环节增值税,经国务院有关部门认定的动漫企业自主开发、生产动漫直接产品,确需进口的商品可享受免征进口关税和进口环节增值税的优惠政策,具体免税商品范围及管理办法由财政部会同有关部门另行制定。

2009年4月24日,财政部、国家税务总局、商务部、科学技术部和国家发改委联合发布《关于技术先进型服务企业有关税收政策问题的通知》(财税〔2009〕63号)③,旨在进一步推动技术先进型服务业的发展,促进企业技术创新和技术服务能力的提升,增强我国服务业的综合竞争力。《通知》规定了技术先进型服务业企业有关税收政策问题,主要包括:①政策内容,将苏州工业园区技术先进型服务企业税收试点政策推广到北京、天津、上海、重庆等20个中国服务外包示范城市,自2009年1月1日起至2013年12月31日止,在20个服务外包示范城市实行以下政策:对经认定的技术先进型服务企业,减按15%的税率征收企业所得税;对经认定的技术先进型服务企业,其发生的职工教育经费按不超过企业工资总额8%的比例据实在企业所得税税前扣除超过部分,准予以以后纳税年度结转扣除;对经认定的技术先进型服务企业离岸服务外包业务收入免征营业税。②技术先进型服务业务范围,包括信息技术外包服务(ITO)、技术性业务流程外包服务(BPO)、技术性知识流程外包服务(KPO)。③技术先进型服务企业认定及管理。

---

① 根据财税〔2011〕100号,本款规定于2011年1月1日起废止。
② 根据财税〔2011〕119号,本条款废止。
③ 根据财税〔2010〕65号,本文自2010年7月1日起废止。

2010年11月5日,财政部、国家税务总局、商务部、科学技术部和国家发改委联合发布《关于技术先进型服务企业有关企业所得税政策问题的通知》(财税〔2010〕65号),就技术先进型服务企业有关企业所得税政策做了调整和补充,包括:享受税收优惠政策的中国服务外包示范城市中增加厦门,共21个;相比财税〔2009〕63号,删除了"对经认定的技术先进型服务企业离岸服务外包业务收入免征营业税"的规定;认定条件中将"从事《技术先进型服务业务认定范围(试行)》中的技术先进型服务业务取得的收入占企业当年总收入的70%以上"改为"50%以上";对技术先进型服务企业的其他认定条件、认定范围和管理办法也进行了适当修订。

2011年10月13日,财政部和国家税务总局发布《关于软件产品增值税政策的通知》(财税〔2011〕100号),规定了我国软件产品增值税政策:①增值税一般纳税人销售其自行开发生产的软件产品,按17%税率征收增值税后,对其增值税实际税负超过3%的部分实行即征即退政策。②增值税一般纳税人将进口软件产品进行本地化改造后对外销售,其销售的软件产品可享受本条第一款规定的增值税即征即退政策。③纳税人受托开发软件产品,著作权属于受托方的征收增值税,著作权属于委托方或属于双方共同拥有的不征收增值税;对经过国家版权局注册登记,纳税人在销售时一并转让著作权、所有权的,不征收增值税。

2011年12月27日,财政部和国家税务总局《关于扶持动漫产业发展增值税营业税政策的通知》(财税〔2011〕119号)①,重新规定了扶持动漫产业发展的增值税、营业税政策,执行时间自2011年1月1日至2012年12月31日。①关于增值税,征税率和退税率与财税〔2009〕65号文件规定相同,增加"动漫软件出口免征增值税"和"动漫软件,按照财税〔2011〕100号中软件产品相关规定执行"的规定。②关于营业税,规定与财税〔2009〕65号相同。

2013年12月13日,财政部和国家税务总局发布《关于动漫产业增值税和营业税政策的通知》(财税〔2013〕98号),重新规定了扶持动漫产业发展的增值税、营业税政策。①关于增值税,规定与财税〔2011〕119号相同,执行时间自2013年1月1日至2017年12月31日。②关于营业税,与财税〔2011〕119号相比,享受营业税优惠的企业注册地范围缩小,只有河北、山西等22个省、直辖市、自治区内注册的企业享受营业税优惠。执行时间自2013年1月1

---

① 根据财税〔2013〕98号,本文自2013年1月1日起废止。

日至 2013 年 7 月 31 日。

2012 年 4 月 20 日，财政部和国家税务总局发布《关于进一步鼓励软件产业和集成电路产业发展企业所得税政策的通知》（财税 27 号），旨在贯彻"新 18 号文"精神，进一步推动科技创新和产业结构升级，促进信息技术产业发展，在企业所得税方面鼓励软件产业和集成电路产业发展。对于软件产业所得税制定的优惠措施包括：我国境内新办的符合条件的软件企业，经认定后，在 2017 年 12 月 31 日前自获利年度起计算优惠期，第一年至第二年免征企业所得税，第三年至第五年按照 25% 的法定税率减半征收企业所得税，并享受至期满为止；国家规划布局内的重点软件企业，如当年未享受免税优惠的，可减按 10% 的税率征收企业所得税；符合条件的软件企业按照财税〔2010〕100 号规定取得的即征即退增值税款，由企业专项用于软件产品研发和扩大再生产并单独进行核算，可以作为不征税收入，在计算应纳税所得额时从收入总额中减除；符合条件软件企业的职工培训费用，应单独进行核算并按实际发生额在计算应纳税所得额时扣除；企业外购的软件，凡符合固定资产或无形资产确认条件的，可以按照固定资产或无形资产进行核算，其折旧或摊销年限可以适当缩短，最短可为 2 年（含）。

4. 产业保护政策

2001 年 8 月 29 日，国家版权局、国家计委、财政部和信息产业部联合印发《关于政府部门应带头使用正版软件的通知》，积极推动软件正版化和知识产权保护工作，维护软件市场的正常秩序，促进软件产业的健康发展。

2001 年 12 月 20 日，《计算机软件保护条例》（国务院令 2001 年第 339 号）公布，自 2002 年 1 月 1 日期施行，旨在保护计算机软件著作权人的权益，调整计算机软件在开发、传播和使用中发生的利益关系，鼓励计算机软件的开发与应用，促进软件产业和国民经济信息化的发展。

2003 年 9 月 8 日，国家版权局发布《关于开展打击盗版软件专项治理行动的通知》，通过开展专项治理行动，目的在于打击非法制作、销售盗版软件和通过互联网进行的非法传播软件行为，严厉整治非法进行软件预装的硬件生产、销售和提供系统集成服务的企业，深入查堵盗版软件的流通渠道，增强版权执法的威慑，有效遏制软件侵权盗版的势头，规范软件制作、销售、预装市场秩序，形成良好的软件版权保护社会环境。

2005 年 3 月 31 日，财政部与信息产业部等有关部委起草了《软件政府采购实施办法（征求意见稿）》，旨在加强软件政府采购管理，规范采购行为，扩大电子政务国产软件应用范围，推动国产软件的标准与协同作业。

2006年3月30日，信息产业部、国家版权局和商务部发文《关于计算机预装正版操作系统软件有关问题的通知》（信部联产〔2006〕199号），目的在于营造良好的软件知识产权保护环境，维护计算机市场和软件市场秩序，推动软件自主创新，促进我国软件产业健康持续快速发展。

2006年3月30日，国家版权局、信息产业部、财政部、国务院机关事务管理局联合发文《关于政府部门购置计算机办公设备必须采购已预装正版操作系统软件产品的通知》（国权联〔2006〕1号），目的是为了进一步巩固政府部门软件正版化工作成果，建立使用正版软件的长效工作机制，营造良好的软件知识产权保护环境，维护计算机市场和软件市场秩序。

2011年4月25日，国家知识产权局印发《2011年中国保护知识产权行动计划》，提出了100项具体措施，其中第27项和第44项是关于软件方面的。第27项规定"大力推进政府机关和企业使用正版软件工作"；第44项规定"积极开展计算机预装盗版软件的市场治理，集中加强对计算机生产企业的源头治理，加大对软件等重点产品的市场监管力度"。

2013年8月15日，国务院办公厅印发《关于印发政府机关使用正版软件管理办法的通知》（国办发〔2013〕88号），规定各级政府机关的计算机办公设备及系统必须使用正版软件，禁止使用未经授权和未经软件产业主管部门登记备案的软件。

5. 产业布局政策

（1）国家软件产业基地。

国家软件产业基地是指国家在高等院校、科研院所等科研力量集中，软件产业已具备相当基础和规模的地区，重点建设以发展软件产业（含集成电路设计业）为目标，以从事软件开发、生产、服务和出口为主要任务的产业基地。

为积极贯彻国务院"18号文件"精神，科技部通过"863计划"、火炬计划、科技兴贸计划和科技型中小企业创新基金等加强了对软件基地和基地内骨干企业的支持力度。2001年科技部颁布了《关于进一步加强国家火炬计划软件产业基地建设的若干意见》，截至2013年1月，国家火炬计划软件产业基地名单共有39家。

表 3-1　国家火炬计划软件产业基地名称

1	东大软件园	14	上海软件园	27	常州软件园
2	齐鲁软件园	15	南京软件园	28	珠海高新区软件园
3	天府软件园	16	长春软件园	29	大庆软件园
4	长沙软件园	17	厦门软件园	30	江苏软件园
5	北京软件产业基地	18	合肥软件园	31	内蒙古软件园
6	天津滨海高新区软件园	19	云南软件园	32	南宁软件园
7	湖北软件产业基地	20	深圳软件园	33	重庆软件园
8	杭州高新软件园	21	青岛软件园	34	河北软件产业基地（石家庄）
9	福州软件园	22	兰州软件园	35	山西软件园
10	金庐软件园	23	吉林高新区软件园	36	沈阳软件园
11	西安软件园	24	郑州软件园	37	中关村软件园
12	大连软件园	25	苏州软件园	38	贵阳火炬软件园
13	广州软件园	26	无锡软件园	39	宁波市软件与服务外包产业园

（2）国家软件出口基地。

软件出口基地以骨干软件企业为核心，发挥集聚效应，形成规模化优势，扩大软件出口，带动软件产业基础建设，形成有利于软件出口和发展的良好的人才、技术、资金和市场环境。

2004 年 1 月，我国确定北京、上海、大连、深圳、天津、西安首批 6 个软件出口基地。2006 年 12 月，商务部认定广州、南京、杭州、成都、济南 5 个城市为"国家软件出口创新基地"。

（3）服务外包基地城市。

为大力推进我国服务外包产业发展，加快承接服务外包计划，提高服务外包企业竞争力，2006 年 10 月 23 日，商务部、信息产业部和科技部在北京举办首批"中国服务外包基地城市"授牌仪式，认定大连、西安、成都、深圳、上海 5 个城市为首批基地城市。2006 年 12 月 25 日，商务部、信息产业部和科技部在杭州举办第二批"中国服务外包基地城市"授牌仪式，认定北京、杭州、天津、南京、武汉和济南 6 个城市为基地城市。此后，天津、重庆、广州、哈尔滨、合肥、南昌、大庆、苏州、无锡、厦门等城市也被认定为"中国服务外包示范城市"。

6. 其他政策

（1）软件人才培养方面。

2003年11月26日，教育部发布《关于批准有关高等学校试办示范性软件职业技术学院的通知》（教高〔2003〕7号），决定批准北京信息职业技术学院等35所高等学校首批试办示范性软件职业技术学院，以尽快满足国家软件产业发展对高素质软件职业技术人才的迫切需求，推动高等职业教育办学体制、培养模式的改革。

2003年12月9日，教育部、国家发展和改革委员会、科学技术部、人事部、劳动和社会保障部、信息产业部、海关总署、国家税务总局、国家外国专家局等九部门联合出台《关于加快软件人才培养和队伍建设的若干意见》（教高〔2003〕10号），提出了我国软件人才培养和队伍建设的总体目标，以及加快软件人才培养和队伍建设的主要措施。

2011年1月28日，"新18号文"关于人才政策也从软件产业研发和管理人员激励、高校软件人才培养深化和改革、微电子学院建立、海外高层次人才引进等方面做了具体的规定。

（2）软件产业统计方面。

国家统计局、信息产业部、商务部、海关总署、国家外汇管理局出台了《软件业统计管理办法（试行）》。规定由国家对软件统计实行"集中组织、分别统计、统一发布"的管理方式，明确了软件生产活动、出口、出口外汇收入情况、软件开发单位科技活动情况，以及统计资料的提供等活动的责任部门。

（3）骨干和重点企业扶持政策。

2005年12月20日，发展改革委、信息产业部、商务部和国家税务总局联合发文《国家规划布局内重点软件企业认定管理办法》，自2006年1月1日起施行。国家规划布局内重点软件企业实行逐年认定制度，经认定的年度国家规划布局内重点软件企业，当年未享受免税优惠的减按10%的税率征收企业所得税，企业可凭当年颁发的认定证书，向税务部门办理当年度所得税减免手续。

第四章 国内外知名软件企业分析

一、微软公司

微软（Microsoft）公司是世界个人计算机软件开发的先导，由比尔·盖茨与保罗·艾伦创始于 1975 年，总部设在华盛顿州的雷德蒙市。目前是全球最大的电脑软件提供商，微软公司现有雇员 9 万人，2012 年营业额达 699.4 亿美元。作为目前全球最大的电脑软件提供商，微软有 5 个核心部门，他们分别是 Windows 客户端、服务器和工具平台、在线服务、商业应用、娱乐与设备。除此之外，还有销售、市场和服务部门和法律、人事、财务、技术等相关辅助部门。

1. 主要产品

微软公司的产品涉及 Windows、Office、设备、服务、服务器和工具、开发人员和 IT 专业人士、商业和企业几个大类，产品类型多样，很多都是其他应用软件的基础平台。微软公司一些核心产品，例如 Windows 操作系统、Internet Explorer 网页浏览器及 Microsoft Office 办公软件套件等，均属于通用软件系列。

表 4-1 微软公司主要产品

类型	具体产品
Windows	• Windows 8 • Internet Explorer • 购买 Windows 8 • Windows Media Player • Windows Movie Maker

（续表）

类型	具体产品
Office	• 适用于家庭的 Office • 适用于企业的 Office
设备	• Surface • Microsoft 硬件 • Windows Phone
服务	• Outlook.com • SkyDrive 云存储 • Skype • MSN 中文网 • 必应 Bing • 微软拼音输入法
服务器和工具	• Windows Server • Windows Small Business Server • SQL Server • Exchange Server • Visual Studio 开发工具 • 软件资产管理 • System Center
开发人员和 IT 专业人士	• 微软培训中心 • MSDN 开发人员网站 • TechNet IT 人员网站
商业和企业	• Microsoft Dynamics • 云计算 • 中小型企业 • 微软大型企业及行业应用 • 公共事业部

资料来源：微软公司官方网站

（1）操作系统。操作系统是微软公司的核心产品。MS－DOS 是微软的早期产品，它是一个命令行界面，在 IBM 电脑上进行捆绑销售，取得了巨大的成功。后期又推出了 Windows 系统，是一种"视窗"的图形操作系统，有很多版本，包括 Windows 95、Windows 98、Windows XP、Windows 7、Windows 8、

Windows Server、Windows Phone、Windows Azure 等。其中，Windows 95、Windows 98、Windows XP、Windows 7、Windows 8 主要是用于个人电脑；Windows Server 主要用于服务器；Windows Phone 主要用于移动手机；Windows Azure 是目前微软正在积极发展的项目，借助于全世界数以亿计的 Windows 用户桌面和浏览器，通过在互联网架构上打造新云计算平台，让 Windows 实现由 PC 到云领域的转型。

（2）Internet Explorer 网页浏览器（简称 IE）。IE 是美国微软公司推出的一款网页浏览器。截止到 2010 年 9 月，统计的数据显示 IE 占有率高达 59.65%。虽然它依然是使用最广泛的网页浏览器，但与 2003 年最高时相比，市场占有率逐年下降。在旧版的 Windows 操作系统上，它是独立且免费的。从 Windows 95OSR2 开始，它是随所有新版本的 Windows 操作系统附送的默认浏览器。

（3）Microsoft Office 办公软件套件。Microsoft Office 是一套由微软公司开发的办公软件，它为 Microsoft Windows 和 Apple MAC OS X 而开发。与办公室应用程序一样，它包括联合的服务器和基于互联网的服务，包括 Word（文字处理）、Excel（试算表）、Access（桌面数据库）、Power Point（幻灯片制作）、Outlook（个人邮件和日程管理）。该软件最初出现于 20 世纪 90 年代早期，最初是一个推广名称，指一些以前曾单独发售的软件的合集。微软也为 Apple Macintosh 生产使用于苹果电脑的版本，苹果版最新版本是 Microsoft Office 2011 for Mac，Office 版本最新版本是 Office 2013。

2. 商业模式分析

微软通过网络效应建立起垄断性的竞争地位，依靠规模收益递增，边际成本递减的经济学原理盈利，并不断地根据客户的要求改进自身产品的不足，巩固市场地位。

（1）发挥"网络效应"。网络效应的基本含义就是每个用户连接到一个网络的价值取决于已经连接到该网络的其他用户的数量，也就是说，连接到一个较大的网络要优于连接到一个较小的网络。网络效应产生的根本原因在于网络自身的系统性和网络内部组成成分之间的互补性。一方面，无论网络如何扩展，新增多少个网络节点，它们都将成为网络的一部分，整个网络都将因网络的扩大而受益；另一方面，在网络系统中，网络内部任何两个节点之间都具有互补性。在网络中，即使一部分节点消失了，也不影响其他节点之间的正常联系，这就保证了网络效应的普遍意义。对于某些网络型产业来讲，初次的生产成本很高，但再生产成本几乎为零，例如软件行业。在网络经济中之所以会发生这种变化，主要原因是网络产品成本结构的变化。网络产品的主要生产要素是知识、客户、网络等无形资产，这些无形资产是不具有稀缺性的，而具有稀缺性的只会是企业运用这些无形资产的能力，因此一旦企业掌握了这种能力，就可以在边际成本几乎为零的条件下，源源不断地生产出客户需要的网络产品。

微软公司发展到今天的规模，在很大程度上依赖于发挥网络效用，建立起垄断性的操作系统，并扩张其在办公软件、浏览器方面的市场，进而获得开发者版税，发挥软件影响的同时，向其他商业领域扩展。微软公司的网络效应主要通过"捆绑战略"实现：一是与IBM等电脑商捆绑，授权OEM在其电脑上安装DOS系统；二是系统软件和应用软件绑定，用windows系统与internet explorer绑定，超越了网景公司的navigator，用捆绑播放器的战略超越了RealNetworks公司的Realplayer；三是应用软件和应用软件绑定，自己开发的文字处理软件Word和电子表格软件Excel组合在一起，并加入一个数据库和一个演示工具，捆绑而成为Office，并以统一的产品推向市场，打败莲花公司的文字处理软件Wordperfect。

（2）培养高端客户群。微软公司的客户群体可以分为三种类型：一是高级客户，主要是指那些大型的OEM厂商和购买高级服务的客户；二是专业客户，主要是指那些金牌合作伙伴、购买专业服务的客户，以及独立软件开发商；三是终端用户，主要是指普通的合作伙伴和使用微软产品的消费者。微软对于不同用户采取了不同的策略，微软通常将销售微软产品，定制微软产品和在微软产品上进行应用集成和开发的企业称为"合作伙伴"。只有那些大型的OEM合作伙伴和厂商被归为高级客户，能够享受到微软全球服务部门员工的支持。而那些中小型的金牌合作伙伴包括系统定制厂商被归为专业客户，他们在销售阶段可以得到微软全球服务部门的支持，而售后的技术服务支持却基本由微软的外部公司提供，其他的微软合作伙伴基本被视为终端用户[①]。

（3）持续不断的产品创新。技术创新和商业模式创新为基础的产品创新是微软公司保持竞争优势的重要手段。由于Windows等操作系统软件，以及Office等文档处理软件，用户在购买以后就可以终身使用，因此如果微软公司不

---

① 江永保. 微软公司发展战略研究——基于客户服务与沟通的调查与研究. 复旦大学硕士学位论文，2009

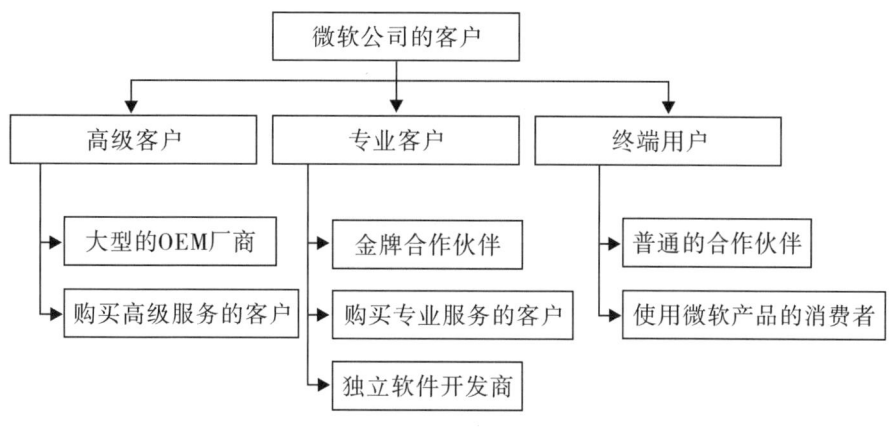

图 4-1 微软公司客户分类

进行持续、有效的产品创新，市场将逐渐出现饱和，从而制约了微软公司的进一步发展。为使用户愿意不断地花钱购买公司的新产品，必须要对过去的产品进行大规模的创新，使新产品带来的用户效用提高能够弥补顾客付出的成本。例如，微软在操作系统上从 Windows 1.0 开始，推出了 Windows 2.0、Windows 3.x、Windows 95、Windows 97、Windows 98、Windows 2000、Windows me、Windows XP、Windows vista、Windows 7、Windows 8 等一系列版本，在文字处理软件上，推出了 Office 3.0~4.3、Office 97、Office 2000、Office XP、Office 2003、Office 2007、Office 2008、Office 2010、Office 2013 等一系列版本，而且每次都能够实现产品功能等方面的较大改善，从而吸引了足够多的消费者购买。

微软为了更好地创造价值，往往通过建立起与顾客相一致的价值主张，吸引顾客参与到企业研发活动中，在真实的顾客环境里，利用特定顾客群的技能、热心和设备来测试新产品，以便最大程度减少最终产品的缺陷。例如，微软在 Windows 2000 改进版的测试中，邀请 65 万多名顾客参加，共同探讨改进产品性能的方法。在这项活动中，由于微软与顾客建立了共同的价值主张，因此得到了顾客的热心和主动支持。后来，大量顾客甚至愿意自己掏钱参与。通过这次尝试，许多顾客充分认识到 Windows 2000 新版本可以给他们的工作带来更大的便利。同样，通过这样的测试，微软公司也改进了产品的性能，克服了产品早期版本的诸多缺点，赢得了顾客的认可。

3. 发展前景分析

（1）微软具有较强竞争力。微软公司是世界上最大的电脑软件提供商，操作系统、文档处理软件等产品的市场占有率在全球占据绝对领先地位。在多年发展中，微软已经积累了非常深厚的技术和市场基础，这种基础能够保证微软在未来较长的一段时间里保持着较强的竞争优势。

（2）微软竞争力正在逐步下降。随着 OS X 系统和 Andriod 系统的兴起，以及 iPad 等平板电脑的崛起，微软产品的市场占有率出现下降的趋势。过去微软公司在 PC 操作系统领域建立起来的市场势力，逐渐被竞争对手从互联网服务、移动通信服务等其他领域进行了削弱，垄断地位被动摇。据 WIND 咨询报道，2011 年微软 Windows 占 PC 市场份额跌至 82%，创近 20 年新低。2012 年 11 月，杀毒软件公司 Avast 在 Windows 8 发布前一天对 Windows PC 用户进行的一项调查显示，有 42% 的 Windows 用户计划转用苹果产品，包括 Mac 和 iPad。其中高达 30% 的受访者计划购买 iPad，另外 12% 则计划购买 Mac。本次调查共计覆盖了 13.5 万 Windows 用户，包含 Windows 7、Windows Vista 和 Windows XP3 个版本。只有 9% 的用户表示，愿意因为 Windows 8 而提前购买新电脑。

（3）微软未来将面临来自于 Google、Apple 等企业多领域的激烈竞争。随着信息技术的发展，不同产业之间的边界已经变得模糊，产业之间出现融合发展的趋势，企业可能面临着来自于其他产业的竞争，例如 Google 和 Apple 已经成为微软最强劲的竞争对手。2012 年 8 月 21 日，苹果公司市值达到了 6227 亿美元，成了美国历史上市值最大的公司。2012 年 10 月 2 日，Google 市值约 2488 亿美元。微软则下挫 0.5%，股价报 29.61 美元，市值约 2482 亿美元。为应对 Google 和 Apple 的竞争，微软也由传统 PC 软件产业向搜索引擎和互联网服务业，以及手机、平板电脑等硬件领域延伸。据 WIND 咨询报道，微软高级副总裁安迪·利兹在微软全球合作伙伴大会上称，微软未来几年将致力于开发可以把 PC、手机、平板电脑甚至电视完整统一，并分别具有完整的 PC 处理能力的产品。微软的这一计划产品可能在 2015 年之后完成，并且可能将不再使用"Windows"定名。

二、IBM 公司

IBM 公司（International Business Machines Co., Limited）是由老沃森 1924 年在美国创立，其前身是三家公司合并而成的 CRT 公司（Computing – Tabulating – Recording）。IBM 公司成立之初，主要是生产用于政府和金融机构统计工作的大型制表机，并取得了很大成功。后来，随着科技发展，IBM 的产品也逐渐转向商用大型电子计算机和个人计算机。目前，IBM 公司已经逐渐由硬件领域转向软件领域，软件、科技服务和商业服务等业务的收入已经远远超过了传统的硬件业务收入，企业已经彻底由硬件制造商转变为软件服务商，如表4-2所示。

表4-2 IBM公司2011年度和2012年度收入情况

（单位：百万美元）

业务类型	2012年		2011年		收入变动率（%）
	收入额	利润率	收入额	利润率	
全球科技服务	40236	36.6%	40,879	35.0%	-1.6
全球商业服务	18566	30.0%	19,284	28.8%	-3.7
软件	25448	88.7%	24,944	88.5%	2.0
系统和科技	17667	39.1%	18,985	39.8%	-6.9
国际金融	2013	46.5%	2,102	49.8%	-4.2
其他	577	-71.6%	722	-54.5%	-20.1
总收入	104507	48.1%	106,916	46.9%	-2.3

资料来源：2012年IBM公司年报

1. 主要产品

在过去的几年里，IBM已经完成了业务模式的完全转型。IBM提供给客户的不再是单纯的产品或者服务，而是综合解决方案。为了实现这些综合解决方案，IBM建立了一系列硬件和软件，以及服务模块作为支撑，如图4-2所示。目前，IBM的全球能力包括服务、软件、硬件系统、研发及相关融资支持等。

（1）综合解决方案。IBM公司结合自身在硬件、软件、服务等方面的优势，利用自身综合能力，为客户提供解决方案。例如，IBM业务流程整合解决方案、IBM门户解决方案、IBM信息整合解决方案、IBM商业智能解决方案、IBM内容管理解决方案、IBM安全存储解决方案等。

（2）软件服务。IBM公司软件产品包括Information Management、Lotus、Rational、Tivoli、WebSphere五大家族。其中，Information Management包括数据库管理系统、企业内容管理、Cognos商业智能和绩效管理、信息整合、数据仓库、数据挖掘等。Lotus包括电子邮件等协作应用、社交网站和Mashup、企业办公套件、移动和无线、电子表格和Web内容管理等。Rational包括软件开发

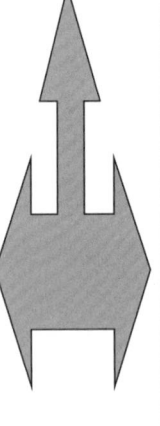

图4-2　IBM公司的综合解决方案系统

管理、软件测试、软件质量管理、企业架构管理、需求管理、软件项目管理、企业现代化、确保 Web 站点的遵从性和安全性等。Tivoli 包括服务管理、存储管理、资产管理、安全管理、业务应用管理、云计算、虚拟化管理和能效管理等。WebSphere 包括应用服务器、企业门户应用、电子商务、应用整合、业务流程管理、业务规则管理系统、优化、供应链应用、可视化等。

（3）服务器产品和存储技术相关产品。IBM 公司服务器产品包括基于 Intel 架构的服务器 xSeries、基于 AMD 架构的服务器、BladeCenter 刀片服务器、UNIX 服务器 pSeries、中型企业级服务器 iSeries、大型主机 zSeries。存储技术相关产品，包括磁盘存储系统、磁带存储、网络存储、存储软件等。

（4）专业图形工作站及其他产品。IBM 公司专业图形工作站包括 A Pro 系列、M Pro 系列、Z Pro 系列、T221 超高分辨率平面显示器等。其他产品主要包括商业收款机、POS 软件等零售终端等。

2. 商业模式分析

IBM 公司是美国历史上最伟大的企业之一，在一百多年的发展中创造了一个又一个的辉煌。然而，经过苹果、微软、英特尔等竞争对手的崛起，IBM 经历了成长中最大的危机，1991 年、1992 年、1993 年 IBM 公司连续三年巨亏。在这种情况下，IBM 采取了一系列措施，包括年底股东分红减半、大量裁员、卖掉老沃森收藏的艺术品、卖掉公司的办公楼、卖掉非核心业务、砍掉大量的科研项目等。同时，也建立起 IBM 全新的商业模式，从而造就了今天的全新 IBM。

（1）对价值主张的重新考虑。IBM 认为当前信息产业中分散的业务布局不会长久。用户会被纷繁复杂的零部件、软件系统折磨得越来越不耐烦，会转向整体解决方案提供商。IBM 有着最全的产品线，丰富的经验，是有能力为顾客提供整体解决方案的唯一企业。PC 的独立计算将随着技术的发展让位于网络计算，新的计算模型意味着网络中的主干计算机要承担着繁重的计算和海量的信息处理能力工作。这不是 PC 所能解决的，只能交给大型机和大规模的计算系统，这样就能够充分发挥 IBM 的优势。

（2）对业务的重新定位。为回笼资金，IBM 剥离了大量的非核心业务。判断是否剥离的标准是能否提供稳定的现金流。业务的出售一方面获得现金流，另一方面获得合作关系。IBM 与 AT&T 的合作、IBM 与思科的合作都是通过出售业务实现的。IBM 在出售大量非核心业务的同时，也进一步强化了自身的核心业务。一是发展了定制化芯片的业务。基于未来庞大的网络解决方案考虑，

IBM 认为定制芯片的能力将成为未来自身业务发展的重要支撑。二是强化了大型服务器业务和与服务器相关的存储器业务。目前，IBM 在硬件领域的核心业务就是大型服务器，包括 Z 系列、I 系列、P 系列、X 系列等。同时在软件领域，IBM 占据着大型服务器的操作系统市场，然而也面临着微软的竞争。IBM 一方面将自己的软件重写，使其能够与其他公司软件兼容。另一方面大规模并购，购买了阵容强大的软件系统。IBM 软件集团的 5 个事业部几乎可以为用户搭建起完整的电子商务基础设施平台，配以 Linux 的穿针引线，辅以硬件、服务等业务的整合，IBM 的软件已经在企业级平台形成巨大的整合之网。三是进入一个全新业务——咨询服务领域。2012 年，IBM 公司花费 35 亿美元收购普华永道的咨询公司，这意味着 IBM 将加强为企业消费者提供更有效的信息服务。

（3）建立起面向服务的架构（SOA）。SOA 的基本构想是：为了满足当前及计划中的业务需要，企业可以将各种软件应用程序转变为一个个"构建模块（Building Blocks）"，这样就可以进行无限的排列组合，且可以快速部署。这不仅为企业提供了一个新的业务"重新配置"的方法，而且可以与供应商、合作伙伴以及客户加强联系。为更好利用 SOA 框架服务于客户，IBM 公司把各种应用软件和硬件设备转变为一个一个模块，这些模块可以像积木一样无限排列组合，且可以快速部署。目前，IBM 有 6700 多名 SOA 开发人员，90000 多名 SOA 专业服务人员。同时，IBM 加强了与独立软件供应商的合作，而基于 IBM 软件开发获得的收入完全由 ISV 获得，ISV 只要想 IBM 交纳一定的技术转让费即可，这样就深入到二级市场。

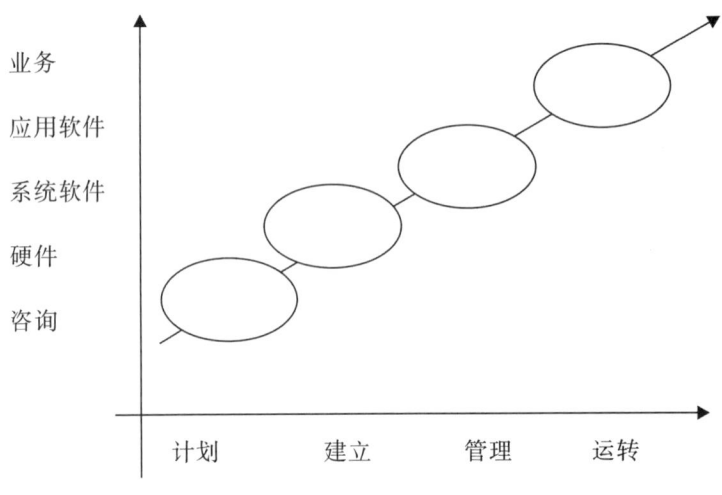

图 4-3　建立起面向服务的架构（SOA）

3. 发展前景分析

IBM 公司可称得上是当今世界 IT 业的"航母",它的产业经营涉及了硬件制造、软件设计、全球化服务、金融和投资等 5 大领域,销售额中有一半以上来自美国(母国)以外的国家和地区,属于一家典型的规模经济与范围经济兼具的跨国公司。造就 IBM 公司强大竞争力的源泉,一方面在于其商业模式的领先性,全球化的规模经营与多元化经营战略可以带来成本领先优势,另一方面在于其成功的研发战略,保障了 IBM 的技术领先和技术开拓,能够源源不断地向信息产业市场推出技术最先进的产品。

(1) IBM 顺应了软件服务产业发展的大趋势。网络化、全球化、开放化、服务化成为网络产业发展的四大趋势,在这种情况下企业用户在软件方面的需求将从产品购买模式向整体解决方案购买模式过渡。IBM 定位于整体解决方案提供商,有利于把握市场需求,打造自身强大的竞争力。

(2) "智慧地球"将为 IBM 打开广阔的市场空间。2008 年 11 月,IBM 提出"智慧地球"概念。智慧地球也称为智能地球,就是把感应器嵌入和装备到电网、铁路、桥梁、隧道、公路、建筑、供水系统、大坝、油气管道等各种物体中,并且被普遍连接,形成所谓"物联网",然后将"物联网"与现有的互联网整合起来,实现人类社会与物理系统的整合。近几年在世界各国的科技发展布局中,IBM "智慧地球"战略已经得到了各国的普遍认可。2009 年 1 月,美国奥巴马总统公开肯定了 IBM "智慧地球"思路。随后,美国、欧盟、日本和韩国等纷纷推出本国的物联网、云计算相关发展战略。2009 年 8 月,IBM 又发布了《智慧地球赢在中国》计划书,正式揭开 IBM "智慧地球"中国战略的序幕。很多地区政府和企业纷纷与 IBM 建立合作关系,据不完全统计,仅智慧城市一项,我国就有数百个城市正在与 IBM 开展合作。

三、Oracle 公司

Oracle 公司,中文名称为"甲骨文公司",成立于 1977 年,最初名为"软件发展实验室"(Software Development Laboratories,SDL),1978 年迁往硅谷并更名"关系式软件公司"(RSI),1982 年,公司再度更名为现今的 Oracle 公司(Oracle Corporation)。

Oracle 公司是全球数据库领域的领导者,总部位于美国加州红木城的红木滩(Redwood Shores)。2013 年,Oracle 公司业务收入超过 IBM,成为仅次于微软公司的全球第二大独立软件公司。

1984 年，Oracle 公司开始进军国际市场。1989 年，Oracle 公司正式进入中国市场，以 Oracle 首创的关系型数据库技术开始服务于中国用户，成为第一家进入中国的世界软件巨头。1991 年 7 月，Oracle 公司在北京成立独资公司——北京甲骨文软件系统有限公司。2008 年 3 月 12 日，公司更名为甲骨文（中国）软件系统有限公司。目前，Oracle 公司在中国以北京、上海、广州、成都、济南、深圳、大连、沈阳、南京、杭州、西安、福州为中心开展覆盖全国的业务，在北京、深圳、上海和苏州设有研发中心，在大连设有 Oracle 全球支持服务中心，在北京、深圳和成都各设有合作伙伴解决方案中心，在成都设立 Oracle 咨询服务中心。Oracle 向中国提供数据库、中间件、应用软件、行业解决方案、服务器/存储器及相关的咨询、培训和服务支持，发展了 2.5 万多家客户，在中国拥有超过 800 家合作伙伴。甲骨文（中国）公司曾经连续多年蝉联教育部颁发的"突出贡献奖"。

1. 主要产品

目前，Oracle 公司的核心产品分为两大类：服务器和应用软件。其中服务器产品包括数据库服务器、应用服务器（Oracle WebLogic Application Server）、操作系统和开发工具（Oracle JDeveloper, Oracle Designer, Oracle Developer）等，服务器领域的主要竞争对手是微软公司和 IBM 公司。应用软件主要以管理系统软件为主，包括财务、供应链、项目管理、人力资源、市场与销售等 150 多个模块，竞争对手主要是德国的 SAP 公司。此外，Oracle 公司还提供包括平台产品、应用产品和完善的服务在内的先进的、完整的、集成的电子商务解决方案，面向工业、通信、金融、商业、保险、医疗等各个领域。

表 4-3 Oracle 公司主要产品及服务

类型	具体产品及服务
服务器及软件	• SPARC 服务器 • Oracle SuperCluster • Sun Netra 运营商级服务器 • Sun X86 系统 • Sun 刀片服务器 • Oracle 虚拟计算设备

（续表）

类型	具体产品及服务
操作系统	• 企业 UNIX 操作系统 Oracle Solaris • 采用 Oracle Unbreakable Enterprise Kernel 的 Oracle Linux 系统
数据库及服务	• 数据库 Oracle Database 12C 版本和选件 • Oracle 数据库机 • 存储管理 • Oracle Multienant • 大数据服务 • 数据库云 • Oracle TimesTen 内存数据库 • Oracle Exadata
中间件	• 应用服务器 • SOA/集成 • 商务智能 • 内容管理 • 身份管理 • 数据平台 • 协作服务 • Java 开发工具
管理软件	• Oracle 人力资本管理软件（HCM） • Oracle 企业资源计划软件（ERP） • Oracle 客户体验 • Oracle 供应链管理 • Oracle 企业绩效管理
解决方案	• 企业通信 • 系统集成 • 数据存储

(续表)

类型	具体产品及服务
服务	• Java 平台 • 咨询服务 • 融资服务 • 云服务 • 标准支持服务 • 高级客户支持服务 • 教育和培训认证服务

资料来源：Oracle 公司官方网站

2. 商业模式分析

（1）积极推行并购战略。

纵观 Oracle 公司的发展历程，可以看出 Oracle 公司商业模式的一个重要特点就是不断通过公司并购，扩大产品和服务范围，提高公司的竞争力和影响力。20 世纪 90 年代中期开始，Oracle 便不断收购新的公司，截止到 2011 年，Oracle 公司大大小小完成 60 多笔并购。

收购案例中，最典型的要数仁科软件公司（Peoplesoft）的收购。2003 年 5 月，以人事管理软件为主打产品的仁科公司通过一项收购 J. D. Edwards 公司的决议，以与 Oracle 公司和 IBM 公司抗衡，但几天后，该公司反而成了 Oracle 公司的收购对象，Oracle 公司提出以 51 亿美元强行收购仁科公司，有"恶意收购"嫌疑，令市场哗然，虽然耗时 18 个月，但 Oracle 公司最后于 2004 年 12 月 13 日成功收购仁科软件公司，成交价值为 103 亿美元。

2005 年年底，Oracle 公司收购 Siebel 系统公司。2007 年，Oracle 公司收购 BEA Systems。2009 年 4 月 20 日，在 IBM 公司对外宣布收购 Sun 公司失败的一周后，甲骨文宣布以每股 9.5 美元总价为 74 亿美元成功收购 Sun 公司。说明甲骨文从单一的、纯软件厂商走向既提供硬件（全球高端服务器系统、存储系统的厂商），也提供软件，成为全球唯一能和 IBM 全面抗衡的公司。2012 年 12 月 20 日，软件巨头 Oracle 公司宣布已与上市公司 Eloqua 达成协议，收购这家基于云的自动化营销与营收绩效管理软件公司。2013 年 2 月 4 日，Oracle 公司以每股 29.25 美元的价格收购网络传输产品制造商 Acme Packet，交易价值约为 17 亿美元。2014 年 2 月 23 日，Oracle 公司又传出消息将会收购营销科技创业公司 BlueKai，收购价约为 4 亿美元。2014 年 6 月 23 日，Oracle 公司宣布以 53 亿美元收购 Micros Systems。

通过收购最佳同类公司，Oracle 公司拥有了完整的产品价值链，包括从底层的服务器和存储、操作系统和虚拟机、数据库，到融合中间件，再到高层的应用软件。

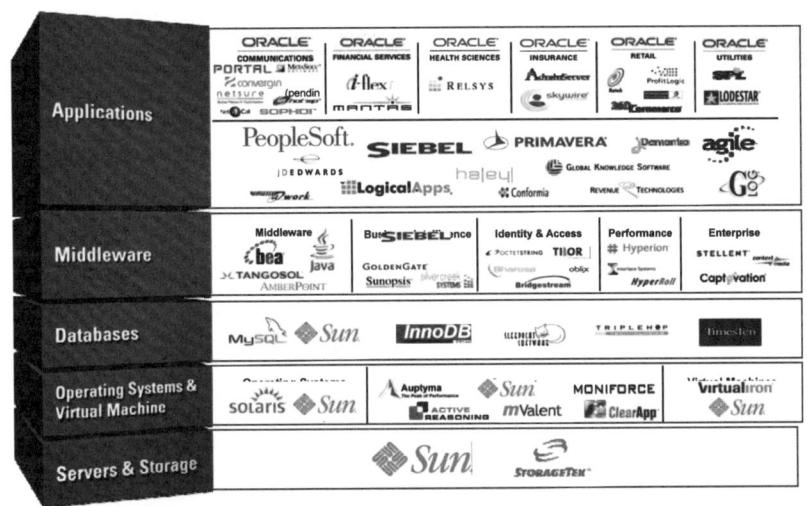

图 4-4　Oracle 公司通过并购扩充产品链

（2）提供全面、集成且开放的标准化产品。

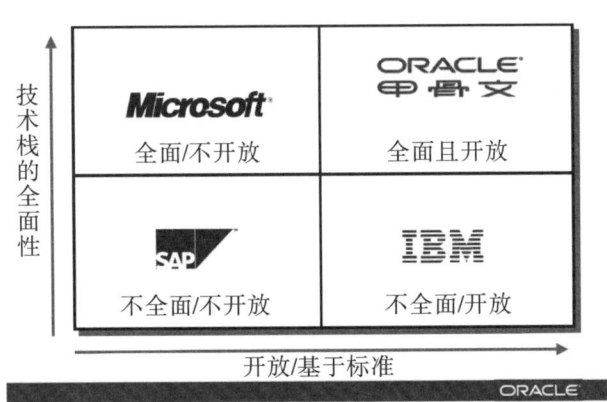

图 4-5　四家公司产品的全面性和开放性对比

微软公司、Oracle 公司、IBM 公司和 SAP 公司四家公司都是全球顶尖的软件公司，但 4 家公司提供产品的全面性和开放性是存在差异的。Oracle 公司提供的产品全面且开放，相比之下，SAP 公司不够全面不够开放，微软公司和 IBM 公司则处于中间。

客户在选购管理软件时，越来越倾向于选择全面、开放的标准化产品供应商，而减少孤立软件的使用数量，因为从劳动成本、安全风险、可扩展性和业务流程修改、定制价格、服务和支持、升级等方面，标准化产品的优势更为明显。Oracle 公司提出了"全面、集成、开放"的策略，旨在为企业提供同类最优产品，提升客户体验。

通过战略性并购，Oracle 公司实现了从"应用软件到磁盘存储"的解决方案，便于在一起进行测试、认证、管理和支持，使客户可以优化 IT 服务，针对不断变化的业务需求匹配 IT 基础设施，获得最高应用性能和业务灵活性，同时降低数据中心处理成本和复杂性。与竞争对手不同，Oracle 公司整合了计算、存储、网络和基于开放标准的软件，并能作为一个完整和优化系统进行有效的协同工作。

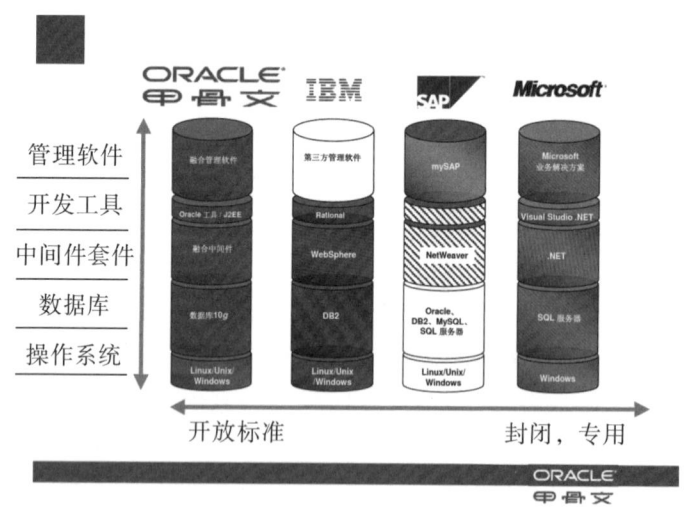

图 4-6　四家公司整体解决方案的对比

（3）积极推行 Oracle 教育培训项目。

目前，Oracle 技术广泛应用于各行各业，其中工业、通信、金融及政府部门都需要 Oracle 技术人才。Oracle 公司通过积极推行教育项目，以其低廉的成本提供 Oracle 技术培训，经过系统化教育培训，使受训人员迅速掌握 Oracle 最新的核心技术，胜任企业大型数据库管理、维护、开发工作，实现双赢局面。

Oracle 公司主要依托 Oracle 大学与全球高校合作开展多种形式的 IT 教育模式，覆盖基础教育、学历教育、非学历教育各个方面，积累了 30 余年专业 IT 教育培训服务经验。

目前，Oracle 公司在全球 89 个国家设有 867 个直营教学中心，超过 2479 个非直营的教育合作伙伴或教学中心，提供 28 种语言的教学，开设覆盖 Oracle 开发技术与管理技术的超过 4000 门面授的 IT 课程。Oracle 新技术发布 2 周，其对应课程教学体系即可面向全球发布。全球累计培养了 130 余万名认证专家，每年培训 80 余万名学员，每年举办 1 次全球技术大赛、技术峰会。

Oracle 公司在中国与 400 家院校开展了不同层级的课程合作项目，每年有 20 万在校生学习 Oracle 不同层面的技术。2011 年，Oracle 公司在中国 100 所高校开展嵌入式的专业合作与共建，在 50 所高校建有 Oracle 实验室，在 10 所高校建立 Oracle 实训基地，招募 1000 名学生参加 Oracle 夏令营和冬令营活动。

3. 前景分析

在古希腊和罗马，"Oracle" 意为神谕，谁拥有 Oracle，谁就能成为先知，预测未来。Oracle 公司以此为名，希望能给那些相信 Oracle 公司的人更多的回报，Oracle 公司因而产生了这样一种企业文化：有远见的创新，有个性的自信。

今天的 Oracle 公司拥有 10 多万名员工，在全球 145 个国家或地区拥有 2 万多个合作伙伴和 37 万客户，产品已荣获多项世界级大奖，是全球最大的企业软件供应商，数据库市场、中间件市场和应用软件市场占有率第一，服务器市场占有率第三，是开源产品的领军者、虚拟化产品的竞争者、云计算方案供应商。

近年，甲骨文公司的业绩一直很好，奇迹般地实现了许多看似不能达到的目标。目前，世界上所有几乎行业都在应用 Oracle 技术，《财富》100 强中的 98 家公司都采用 Oracle 技术；全球十大银行均采用了 Oracle 应用系统，在中国，排名前 20 位的银行都在使用 Oracle 技术；在通信领域，全球 20 家顶级通信公司全部都在使用 Oracle 应用产品；在 IT 服务公司中，如 HP、IBM 等，大多数都在使用 Oracle 相关技术。

Oracle 是第一个跨越整个产品线（服务器、操作系统、数据库、中间件、应用软件，以及应用软件开发与决策支持工具）开发和部署 100% 基于互联网的软件公司，是世界领先的信息管理软件供应商和世界第二大独立软件公司。

在未来十年中，Oracle 公司将引领 IT 界最重要的发展趋势，即整合、云计算以及移动化社会化。

（1）产品技术整合，优化集成系统。

"整合"是 Oracle 公司最为关注的领域，除了自身产品和技术的整合，Oracle 公司还基于开放统一的标准提供对其他主流系统的整合服务：为全球客户提供多样化的产品选择和业界最佳的全面解决方案，进一步推动企业业务创新。随着 Oracle 公司对软硬件产品的不断开发，全球客户将享用最佳的应用性能，获得最大的收益。

Oracle 公司在整合策略中不仅仅是简单的产品堆砌，而是加入了工程化的过程。Oracle 公司凭借在数据库领域的绝对优势，通过对产品技术的整合与优化，向客户提供集成系统服务，帮助企业解决"大数据"难题。

除此之外，Oracle 公司还对应用软件产品进行"整合"，例如推出的融合应用软件（Oracle Fusion Application 11g），囊括了最全面的企业应用软件产品线，包括 ERP、CRM、PLM 以及 EPM 等应用，其中包含了 Hyperion、PeopleSoft、Siebel 以及 J. D. Edwards 等收购过来的产品，使客户的价值达到最大。

（2）下一代云计算。

目前云计算的发展可谓如火如荼，Oracle 公司可以为企业云计算提供最佳解决方案，Oracle Exadata 数据库云服务器和 Exalogic 中间件云服务器可以作为理想的基础构件，为企业的私有云搭建和部署提供强有力的支持。

Oracle 公司推行广泛但是集中的云战略，通过 Exadata 和 Exalogic 的优势，利用硬件和操作系统作为 IaaS 服务，数据库和中间件作为 PaaS 服务，再利用共享平台上的应用软件，企业可以快速地搭建私有云环境。Oracle 公司还将为一些公有云服务提供商提供技术产品支持，间接地提供公有云服务。此外，Oracle 还通过如 CRM On Demand 类似产品，为企业提供公有云 SaaS 服务。

（3）移动计算与社会化媒体云。

根据 Gartner 研究机构的最新数据显示，智能手机销量已大幅超过 PC 机，意味着云化、移动化以及社会化将是 IT 发展的必然趋势。当今，包括推特、脸谱、微博在内的社交媒体发挥了比其他媒体更大的作用和价值，为信息化建设创造更多契机。

越来越多的企业用户在利用移动设备获取信息，Oracle 公司也不断推出新的支持移动设备的产品，并计划在相应产品中全部支持社会化工具。企业用户可以在 Oracle 公司的帮助下打造自己的云服务，通过按需即用、随需应变的特点，实现企业级 IT 和个人消费 IT 的融合，从而创造更多的价值。

然而，Oracle 公司在未来的发展中也可能会面临不少挑战，例如，在数据库方面，以 PostgreSQL 为代表的开源竞争者正大量分流企业客户；在应用程序方面，则遭遇以 Salesforce 与 Workday 为代表的同行竞争，此外还要面对长久以来的劲敌 SAP 公司；在技术维护领域，Rimini Street 也会带来不少威胁。

四、华为公司

华为公司于 1987 年成立于中国深圳，是全球第二大通信设备供应商，全球第三大智能手机厂商，也是全球领先的信息与通信解决方案供应商。公司围绕客户的需求持续创新，与合作伙伴开放合作，在电信网络、企业网络、消费者和云计算等领域构筑了端到端的解决方案优势，并致力于为电信运营商、企业和消费者等提供有竞争力的 ICT 解决方案和服务，持续提升客户体验，为客户创造最大的价值。目前，华为的产品和解决方案已经应用于 140 多个国家，服务全球 1/3 的人口。据中国统计局和工业和信息化部数据显示，华为技术有限公司软件年收入已经连续多年位居全国第一，是中国最大的软件企业。

表 4-4　华为技术有限公司近四年财务概要　（单位：美元百万元）

	2011 年	2010 年	2009 年	2008 年
销售收入	203929	182548	146607	123080
营业利润	18582	30676	22241	17076
营业利润率	9.1%	16.8%	15.2%	13.9%
净利润	11647	24716	19001	7891
经营活动现金流	17826	31555	24188	4561
现金与短期投资	62342	55458	38214	24133
运营资本	56728	60899	43286	25921
总资产	193849	178984	148968	119286
总借款	20327	12959	16115	17148
所有者权益	66228	69400	52741	37886
资产负债率	65.8%	61.2%	64.6%	68.2%

注：美元金额采用 2012 年 12 月 31 日汇率折算，即 1 美元 = 6.2285 元人民币

资料来源：华为技术有限公司官方网站

1. 主要产品

华为技术有限公司是全球领先的电信解决方案供应商，产品和解决方案涵盖移动、宽带、IP、光网络、电信增值业务和终端等领域，致力于提供全 IP 融合解决方案，使最终用户在任何时间、任何地点都可以通过任何终端享受一致的通信体验，方便人们的沟通和丰富人们的生活。如表 4-5 所示，华为产品和解决方案已经应用于全球 100 多个国家，服务全球运营商 50 强中的 45 家及全球 1/3 人口。

（1）弹性计算云。弹性计算云是整合了计算、存储与网络资源，按需使用、按需付费的一站式 IT 计算资源租用服务，以帮助开发者和 IT 管理员在不需要一次性投资的情况下，快速部署和管理大规模可扩展的 IT 基础设施资源。

（2）对象存储服务。华为对象存储服务是一个基于对象的云存储服务，为客户提供海量、安全、高可靠、低成本的数据存储能力。客户可以通过 REST 接口或者基于 Web 浏览器的云管理平台界面对数据进行管理和使用，同时提供了多种语言的 SDK 来简化编程。

（3）桌面云。桌面云是采用最新的云计算技术开发出的一款智能终端产品，外表看起来是一个小盒子，但却可以代替普通电脑使用，同时用户也可以用 PC 和移动 PAD 等多种方式接入桌面云。

（4）云托管。云托管是以应用为中心的公有云托管，以应用为单位整合计算、存储与网络资源，按需使用、按需付费的一站式 IT 计算资源租用服务，能够帮助企业在不需要一次性投资的情况下，快速部署和管理大规模可扩展的 IT 基础设施资源。

（5）网络通信和安全。华为技术有限公司提供了一系列产品、服务和解决方案，例如固定接入、无线接入、核心网、传送网、数据通信等，从而帮助网络运营商维护和改善自身的网络服务水平。

（6）终端产品。华为技术有限公司为用户提供新一代的智能终端，用于接入信息网络，例如最新手机、平板电脑、家用终端、家庭媒体设备、模块产品解决方案等。

表4-5 华为技术有限公司主要产品

服务对象	具体产品			
运营商	方案	增加收益 更宽更智能 提升运营效率 节能减排	产品	固定接入 无线接入 核心网 传送网 数据通信 业务与软件 存储和网络安全 服务器 Oss 网络能源
	服务	客户体验管理 运营管理转型 网络和业务演进 咨询规划提升投资效率		
企业	产品	基础网络与安全 协作 云计算和数据中心 网管与工具	行业解决方案	大企业 政府 金融 电力 交通 能源 酒店 医疗 教育 公共安全
	业务解决方案	基础网络 云计算和数据中心 协作 LTE宽带集群 信息安全管理		
个人消费者	最新手机 平板电脑 移动宽带		家用终端 家庭媒体设备 模块产品解决方案	

资料来源：华为技术有限公司官方网站

2. 商业模式分析

华为是中国最为成功的软件公司之一，在国际市场上也有着很强的竞争力。华为公司的成功，在很大程度上是因为其建立起与外部环境和企业资源文化相适应的商业模式。

（1）哑铃型的组织结构。华为的人力资源分布是个哑铃型结构，研发和市场各占40%，行政和生产人员只占20%。这样构筑了华为研发能力和市场营销能力，这两种能力的结合就构成了以客户需求为导向的创新能力。华为一直把市场和研发放在经营和管理的首要位置，而对于生产环节更多是采用外包的方式进行。华为每年R&D投入占销售收入12%左右，市场投入占销售收入13%左右。正是靠这种持续高强度的投入，加上优良的产品开发管理，市场营销管理、采购管理、生产计划管理、财务管理，使得这种投入能变成更大的产出，产生良好的经济效益。

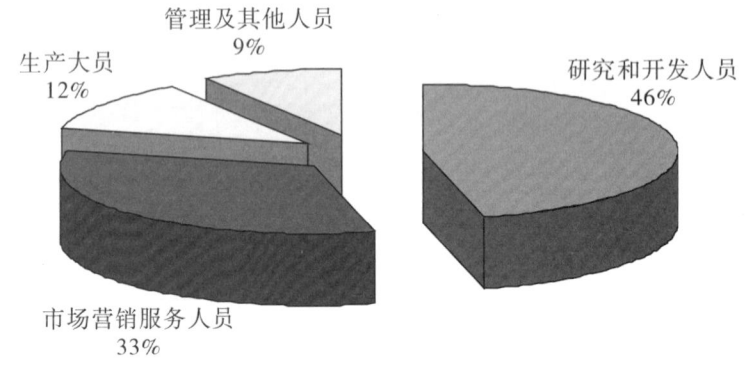

图4-7 华为公司不同类型员工比例

资料来源：华为技术有限公司内部材料

（2）低成本的运营方式。低成本是华为竞争优势的最重要来源，而且这种"低成本"的实现并不是通过传统的量化生产和规模经济来实现。2007年，华为在全球20个重点国家的客户满意度调查结果显示，有一项指标超过爱立信，就是客户化定制能力，这也标志着华为是一家定制化量产的公司，而不是简单的量产化企业。华为"低成本"的实现主要来源于两个方面：一是人力资源低成本。中国每年大量的高校毕业生，为华为提供了充足的人力资源供应。同时中国一个研发工程师的工资是欧洲的1/3～1/4，而法定工作时间是欧洲工程师的1.5倍，还经常加班加点。软件企业中研发费用的80%以上是人力资源成本，因此华为技术有限公司的研发成本是欧洲公司的1/10。二是高效率的业务流程。为提高流程效率，从1999年开始，华为对自身的运作模式进行了一个全方位的"改良运动"，在财务、企业管理和研发机制上进行了重新打造，并邀请IBM公司开展了集成产品开发项目（IPD）。按照专家计算，IPD实施以后，华为可以把产品的开发周期缩短50%，产品的不稳定性降低2/3，同时还可以把对研发资源的浪费削减一半,这些改进几乎相当于把华为的研发力量扩大了一倍。

表4-6 华为技术有限公司不同类型费用情况

(单位:美元百万元)

	2012年	2011年	同比变动
研发费用	30090	23696	27.0%
研发费用率	13.7%	11.6%	2.1%
销售与管理费用	38916	33770	15.2%
销售与管理费用率	17.7%	16.6	1.1%
其他业务收支	-1386	400	-446.5%
其他业务收支占收入比率	-0.6%	0.2%	-0.8%
期间费用合计	67620	57866	16.9%
期间费用率	30.7%	28.4%	2.3%

资料来源:华为技术有限公司内部材料

(3)积极进取的客户关系管理。华为十分重视客户关系的管理,尤其是大

(单位:美元百万元)

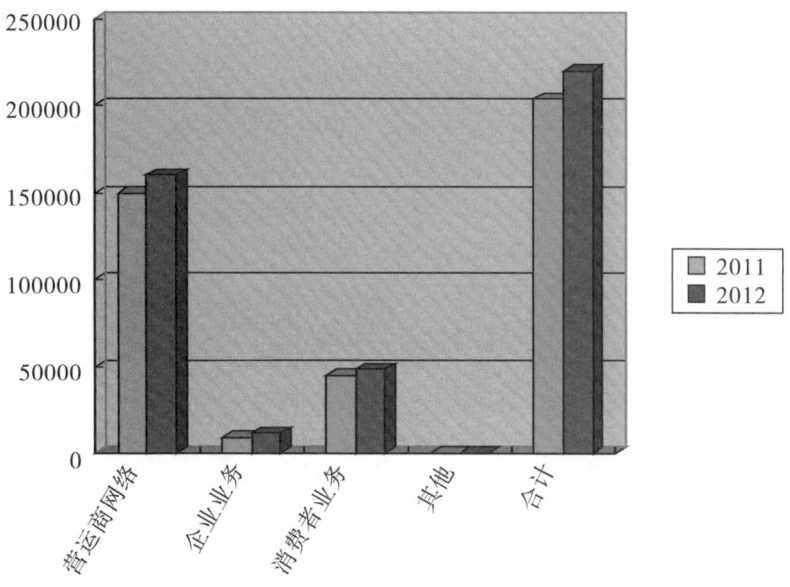

图4-8 华为不同类型业务的收入情况

资料来源:华为技术有限公司内部材料

客户关系的管理。从华为的收入结构来看，运营商网络等大客户的收入占总体收入的比重在70%以上。因此，华为往往投入了大量的资源用于这些客户的关系管理。例如，2000年，中国电信业再次分拆，中国电信运营商由原来1个演变为7个。对此，华为做了两个举措：一个是成立了7个运营商系统部，这些系统部从运营商总部到各个省分公司都有自己的分支机构；二是在每个地市建立客户服务中心，加强在地市一级城市的营销服务网络，以前的销售经理转变为客户代表，也就是代表客户来监督提高华为的服务水平。华为的这些举措大大增加了客户关系管理的能力，客户一旦有问题，就可以及时与身边的华为工程师沟通，华为工程师也可以迅速将客户的问题进行汇集。

（4）"云、管、端"的战略方针。通过"云、管、端"的战略方针，打造出完整的能力闭环。华为认为，作为全球领先的信息与通信解决方案供应商，必须要掌握三方面的能力。一是海量信息储存和处理的能力，主要体现在"云"上。华为云服务成立于2011年，隶属于华为公司，专注于云计算中公有云领域的技术研究与生态拓展，面向互联网增值服务运营商、大中小型企业、政府、科研院所等广大企事业用户提供包括云主机、云托管、云存储等基础云服务、超算、内容分发与加速、视频托管与发布、企业IT、云电脑、云会议、游戏托管、应用托管等服务和解决方案，目标成为中国最大的公有云服务与解决方案供应商。二是维持大容量和智能化信息管道的能力，主要体现在"管"

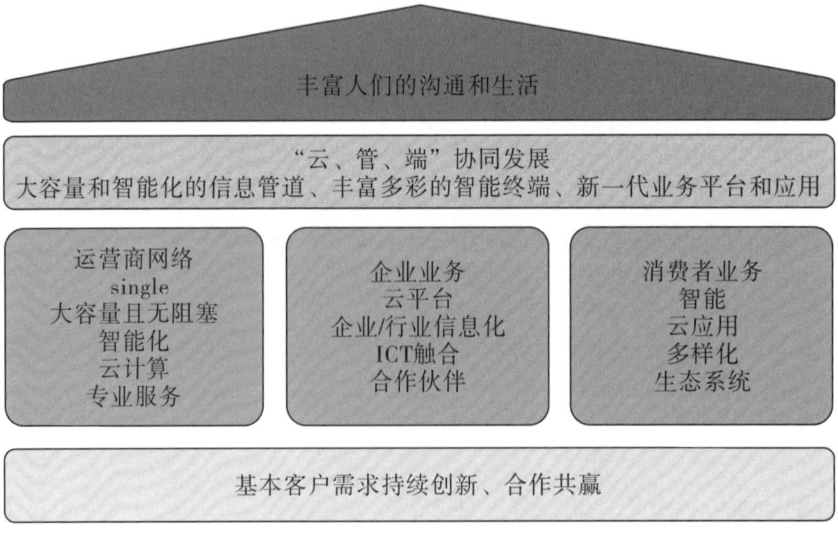

图4-9 华为以"云、管、端"为核心的业务系统

上。随着信息技术的发展，连接信息的互联网通道出现了一些新的趋势，即终端智能化和业务多样化。华为技术有限公司响应顾客信息需求方式的变化，服务于信息网络服务商，从而为用户提供更加智能、功能更为强大的网络通道。三是更加多样化和智能的应用平台能力，主要体现在"端"上。应用平台建设有利于华为产业链的完整，也能够为华为带来更为广阔的市场空间。

3. 前景分析

（1）华为面临着良好的发展机遇。一直以来，华为坚持国际化发展的道路，国内市场和国际市场并重，取得了良好的效果。从 2012 年华为在不同国家（地区）消费者业务销售收入的比重来看，中国占 33.41%，欧洲、中东及非洲占 35.16%，亚太占 16.97%，美洲占 14.46%。从 2012 年相比于 2011 年的市场规模增长来看，中国市场增长最快，其次是亚太、欧洲、中东和非洲市场，增长最慢的是美国，如表 4 - 7 所示。从下一阶段来看，华为将继续面临着较大的市场增长空间。从国际市场来看，华为在 WCDMA 以及 CDMA2000 领域不断开拓自己的海外市场份额，其关注重点不仅在南美洲、中东、俄罗斯这些竞争还不算太激烈的国家，还包括东南亚和欧美市场。从国内市场来看，中国目前移动用户普及率与发达国家相比还有很大差距，也说明了中国移动通信业务增长的无穷潜力。中国"四化并举"战略的提出，将推动中国信息化进程，而这也为华为的发展带来空间。

表 4 - 7 2012 年华为不同国家（地区）消费者业务销售收入

（单位：百万人民币）

国家	2012 年	2011 年	同比变动
中国	73579	65565	12.20%
欧洲、中东及非洲	77414	72956	6.10%
亚太	37359	34862	7.20%
美洲	31846	30546	4.30%
合计	220198	203929	8.00%

资料来源：华为技术有限公司内部材料

（2）华为的国际化战略将面临一些新的挑战。随着中国经济实力和国际竞争地位的提升，中国企业国际化过程中有可能面临着挑战，而这也可能会对华为的发展造成障碍。目前，华为在国际化的过程中往往遭受到西方国家政府的一些不公正待遇，包括以国家安全为由，限制华为进入某些市场，限制华为对国外企业的并购。华为在西方国家往往采取法律等手段，呼吁当地政府保障华为获得公平竞争的地位，但这种努力并没有取得满意的效果。预计随着华为的实力逐步增强，在国际化战略上面临的压力也会越来越大。

五、用友公司

用友公司成立于1988年12月，是亚太本土领先的企业管理软件和企业移动应用、企业云服务提供商，是中国最大的ERP、CRM、人力资源管理、商业分析、内审、小微企业管理软件和财政、汽车、烟草等行业应用解决方案提供商，并在金融、医疗卫生等行业应用以及企业支付、企业通信、管理咨询、培训教育等领域快速发展。用友公司现设用友软件股份有限公司、用友优普信息技术有限公司、北京用友政务软件有限公司、用友医疗卫生信息系统有限公司等12个二级子公司。

1. 主要产品

用友公司产品和服务解决方案面向各个行业，包括：政务；汽车；金融；医疗卫生；烟草；军工；装备制造；房地产；建筑；机械；电子；文化传媒；零售与个人消费；能源、资源、原材料；公共事业；交通；流通服务；医药；园区及投资；食品；现代农业等。

用友公司产品和服务解决方案服务领域全面，包括：财务管理；人力资源管理；营销管理；零售管理；分销管理；客户关系管理；供应链管理；生产制造管理；电子商务；产品生命周期管理；办公自动化；集团管控；商业智能；移动应用；风险管理；审计等。

表4-8 用友公司面向不同规模企业的产品与解决方案

类型	产品技术
大型企业产品与解决方案	• 用友 NC 大型企业管理与电子商务平台 • 人力资源管理平台
中型企业产品与解决方案	• 用友 U8+成长型企业管理与电子商务平台 • 用友 U9 大中型离散制造企业信息化平台 • 用友 CRM 客户关系管理 • 用友 PLM 全产品生命周期

(续表)

类型	产品技术
小微企业软件与公有云服务	● 用友畅捷通 T+小微企业软件与公有云服务
企业应用平台	● 用友 P 大型企业与组织计算平台 ● 用友 CSP 中小企业公有云平台

资料来源：用友公司官方网站

2. 商业模式分析

"全面解决方案""行业最佳实践"和"ERP 普及"是众多应用软件提供商的三大承诺，但目前整个应用软件行业仍然盛行单纯的"交易"模式——以"产品销售"为导向的模式，出现于客户之间的"阶段合作""产品交易""被动维护"和"浅度支持"的问题。作为亚太最大的本土管理软件厂商，用友公司则突破这种模式，向客户提供差异化产品和服务模式。

在云计算、大数据、移动互联等新技术和新应用日渐升温的情况下，用友公司进一步致力于打造高客户价值的企业云服务平台，通过产品的电子商务化、云化以及移动化，给客户带来更大的规模与经济价值，不断提升企业的竞争力，进而迈向更大的市场。

（1）精准市场定位，差异化竞争策略。

用友公司提供的产品和服务解决方案已实现从企业创业、成长到成熟的完整生命周期，从小微企业、中型企业、大集团企业到超大型集团企业，从前端到后端，从制造到服务，从 CFO、CHO、CMO、CTO 到 CEO 的全面覆盖。用友公司能够面向不同规模、不同发展阶段的客户，提供不同"主题"的客户经营和服务内容：面向大型客户，更多地提供围绕"国际化集团管控、行业化解决方案，平台化应用集成"的客户经营合作方案；面向中型客户，提供"行业化的企业经营管理平台"的客户经营合作方案；面向小型客户，以"ERP 普及"作为不变的主题，为客户提供提升管理的经营合作方案；而对于占企业绝大多数的入门级客户，将以全新的 SAAS 模式为客户提供商务应用服务，以"实现信息化关键应用，帮助企业获得成长原动力"作为经营合作方案。

因此，用友公司能够帮助各行各业的企业提高协作效率、运营效益、应对市场快速变化的决策能力，以及在全球范围的核心竞争力。

（2）云支持与服务模式，为客户创造价值。

2012年4月23日，用友公司正式发布"用友企业云平台"，推出面向大型企业、小微企业、医疗卫生等行业的云平台与云服务。2013年1月8日，"21世纪中国商业模式高峰论坛"在北京举行，用友公司凭借"用友企业云平台"模式，与海尔集团（人单合一模式）、腾讯科技（QQ空间）等领先企业一起，荣获"21世纪中国最佳商业模式创新奖"。

用友公司始终坚持"以客户为中心，为客户创造价值"的经营和服务理念，针对客户企业从简单到复杂、从标准到个性的多层次应用和服务需求，向客户提供全方位多角度的产品支持与系统运维服务解决方案，并打造了云支持与服务模式。

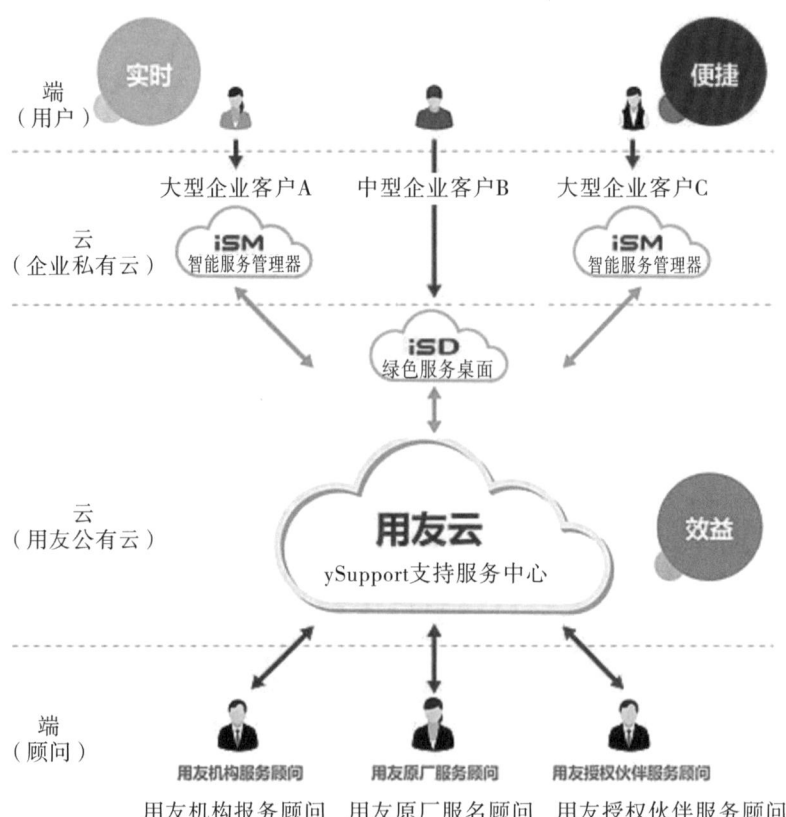

图4-10　用友云支持与服务模式

在云支持与服务模式下,企业可以通过互联网,借助用友云支持服务产品（iSM/iSD）与用友 ySupport 支持服务中心实现无缝对接,提交各类服务请求并通过遍及全国的实体支持服务网络及在线服务网络快速获取服务响应,大幅提升企业 IT 系统的运营效率,有效降低服务成本,提升 IT 绩效。

（3）平台化发展,产业链共赢策略。

2013 年 1 月 21 日,用友公司发布了新三年业务策略,即"加快平台化发展,推进产业链共赢"。所谓"加快平台化发展,推进产业链共赢"策略,首先是推进软件包、解决方案向平台化模式转型、升级,加快私有云平台（UAP）、公有云平台（CSP）、下一代企业与政府应用、移动应用、数据技术产品发展；同时要加快建立强大的产业生态链,最大限度地聚合大量第三方应用服务资源,满足客户大量的个性化需求,为实现世界级管理软件与云服务提供商的愿景夯实基础,同时也会为基于用友软件和平台的产业链伙伴创造更大的市场和盈利空间。

3. 前景分析

2010 年 1 月,用友公司发布了"幸福企业"的新商业理念,助力中国经济和企业转型升级,创建"高效、创新、绿色"的幸福企业。2012 年 4 月,用友公司宣布实施"新长城计划",创新发展,做大做强。与此同时,用友新品牌标识"yonyou"同步启用。用友公司连续多年被评定为国家"规划布局内重点软件企业",拥有系统集成一级资质,获中国绿色公司百强称号,"用友 ERP 管理软件"系"中国名牌产品","用友"系中国驰名商标。

至目前为止,用友公司在全国已经拥有 41 家分子公司、60 家客户服务中心、61 家授权服务中心、150 家培训教育中心,组成了中国管理软件业最大的服务网络。中国及亚太地区超过 200 万家企业与公共组织使用用友软件和云服务,中国 500 强企业超过 60% 是用友的客户。

根据 CCID 发布的 2011—2012 年度中国管理软件市场研究数据,用友管理软件连续 10 年市场占有率第一,超过第二、第三名的总和；用友 ERP 软件连续 10 年市场占有率第一,超过第二、第三名的总和；用友财务软件连续 21 年市场占有率第一。

用友公司将凭借其精准的市场定位和差异化的竞争策略、先进的云支持与服务模式,以及"加快平台化发展,推进产业链共赢"的全新策略,用信息技术推动商业和社会进步,做客户信赖的长期合作伙伴,解决国际厂商也很难获

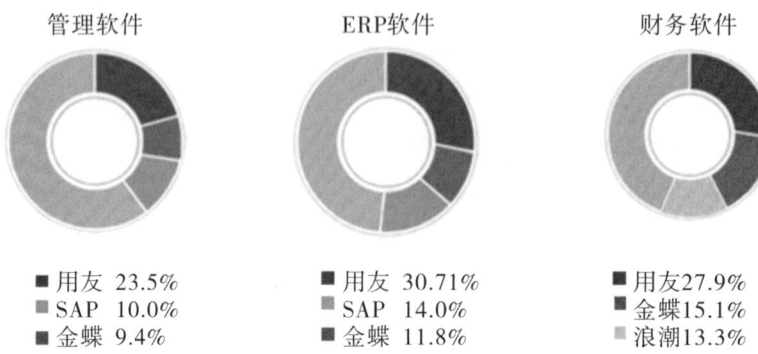

图 4-11　用友公司软件市场份额

得突破的管理信息化难题，引领商业变革，助力中国企业转变和创新管理模式，提高管理绩效和竞争力，给客户带来更大的规模与经济价值。

与此同时，用友公司的业务将基于中国、亚洲地区并开始扩展到全球其他地区，为企业与组织提供管理、业务、协同工作信息化应用软件、基础技术软件、平台与应用服务、数据服务、金融服务、相关 IT 与专业服务，发展成为世界级管理软件与云服务提供商。

六、中软公司

中国软件与技术服务股份有限公司（简称"中软公司"）是中国电子信息产业集团公司（CEC）控股的大型高科技上市软件公司，是国内软件行业的先行者之一，是中国国产基础软件第一品牌，承担着"软件行业国家队"的责任和使命。

中软公司的前身中国计算机软件与技术服务总公司（中软总公司），由 1980 年成立的中国计算机服务公司和 1984 年成立的中国软件技术公司于 1990 年合并而来。1999 年，中软总公司正式划归 CEC，制订"99 腾飞计划"，启动整合、改制、重组和上市工作。2002 年 5 月，中软股份在上海证券交易所成功挂牌上市。2003 年，中软国际在香港创业板成功上市。2004 年，中软公司完成整体改制上市，更名为中国计算机软件与技术股份有限公司，简称"中国软件"，即现在的中软公司。2008 年，中软公司收购达梦数据库公司，形成国产基础软件完整链条。2010 年，中软公司收购整合长城软件。

1. 主要产品

中软公司是一家综合性软件公司，可以为用户提供系统软件、平台软件、信息安全软件、政府信息化软件、企业信息化软件和全方位服务，主营业务主要包括自主软件产品、软件服务和行业解决方案三方面，业务占比分别为16.8%、26.7%和56.5%。

表4-9 中软公司自主产品、服务及解决方案

类型	产品技术
操作系统	• 中标麒麟高级服务器操作系统 • 中标麒麟安全操作系统 • 中标麒麟安全云操作系统 • 中标麒麟高可用集群软件 • 中标麒麟通用服务器操作系统 • 中标麒麟桌面操作系统软件 • 中标凌巧移动终端操作系统 • 中标定制操作系统
数据库	• 达梦数据库管理系统 • 达梦数据中心
中间件	• 中软睿剑领域应用平台 • 中软睿剑业务流程管理系统 • 数据交换管理平台软件
办公软件	• 中标麒麟安全邮件服务器 • 中标普华办公软件专业版 • 中标普华国产芯片办公软件 • 综合行政办公系统
安全产品	• 中软防水坝文档安全、文档权限、文档外发管理系统等 • 涉密计算机及移动存储介质保密管理系统 • 中软上网行为和流量管理系统
云计算	• 中软红云服务支撑平台 • 中软红云安全云箱 • 党建云
服务	• 信息安全服务 • 云计算服务 • IT系统服务

（续表）

类型	产品技术
行业产品及方案	• 税务 • 金融 • 证券 • 轨道交通 • 电子政务 • 医疗信息 • 安全 • 云计算

资料来源：中软公司官方网站

2. 商业模式分析

（1）基础软件研发，任重道远。

发展自主操作系统对我国信息产业乃至国家信息安全的作用不言而喻，也始终是业界乃至全国关注的焦点之一。我国政府和行业主管部门历来非常重视国产操作系统的研制工作。2006年国务院发布的《国家中长期科学和技术发展规划纲要（2006—2020年）》中，"核高基"是与载人航天、探月工程并列的16个重大科技专项之一，"核高基"就是"核心电子器件、高端通用芯片及基础软件产品"的简称。其中，操作系统软件和数据库软件则是典型的基础软件。

中软公司具有国资背景，由CEC绝对控股，致力于操作系统和数据库软件的软件研制与开发，并获得国家"核高基"重大科技专项支持，子公司中标软件开发的中标麒麟系列操作系统软件和达梦数据库有限公司开发的梦达数据库管理系统，性能逐渐改善和提高，装机数量和影响力与日俱增。

中软公司在操作系统软件领域有超过20年的积累，并于2003年成立自主操作系统与办公软件研发与产业化的专业化子公司——中标软件有限公司，现已成为操作系统、办公套件领域的国内知名厂商。

2008年，中软公司通过资本运作入驻武汉达梦数据库有限公司，达梦子公司是国内数据库领域的核心厂商之一，具有30年的数据库技术积累，拥有完全自主知识产权，处于同行领先地位，是国内唯一通过军用B级认证的数据库公司。

（2）总分总项目建设，端到端客户服务。

中软国际是中软总公司的子公司，成立于 2000 年 2 月，是国内第一家专注于电子政府领域的 IT 服务商，2003 年在香港地区上市。中软国际开发研制了 ResourceOne 电子政务平台，并成功推出一系列电子政务解决方案，这些解决方案为金审、金盾、金保（民政部）、金农、金质等金字工程中做出了重要贡献。

中软国际在业界率先提出"总分总"项目建设模式，即大型应用系统的建设可以分为系统总体咨询/设计、系统各分应用分别开发、系统总体集成三个阶段。其中，第一阶段以选择同一家公司完成为佳，第二阶段则可以选择多家公司在遵循相关规范的条件下分别开发，最终统一集成。总分总项目建设模式已在国家金审工程、国家烟草专卖局生产经营决策管理系统建设中得以成功实施。

基于中国国情，中软国际大规模端提供端到端服务，包括客户战略咨询、信息技术解决方案和服务外包，跨越从咨询服务到解决方案，从 ITO 到 BPO，服务目录非常丰富，服务内容更为广泛。

（3）大平台模式，寻求新突破。

传统靠并购做大做强的思路已使中软国际的发展遇到瓶颈，并购的结果往往是原本有活力的小企业开始"吃大锅饭"。中软国际因此提出"大平台模式"，由"大公司"转型为"大平台"，通过将项目分解成任务，放在平台上，开放给合作伙伴，提高生产效率，就可以共创一个健康发展的生态圈，共同满足客户的需求。

中软国际在 2013 年启动了一个基于云计算的众包平台"JointForce"，由中软国际利用资源和服务优势，出面接订单及负责管理，透过将项目分解成任务放在平台上，吸纳公司内部或外间的软件工程师为其服务，按劳取酬。该平台目前正处于内测阶段。

3. 前景分析

中软公司是原国家计委批准的三大软件基地中的北方软件基地、国家火炬计划北京软件产业基地中的中软软件园、国家 863 成果产业化基地；首批通过了全国"软件企业"认证，连续多年被评定为"国家规划布局内重点软件企业"，拥有系统集成、软件开发、质量保证等众多顶级行业资质。

中软公司在国家信息化"金"字系列工程中发挥了重要作用，先后承担了数千项国家重大工程项目,在全国税务、信访、安监、应急、政法、审计、烟草、交通、金融、物流、能源、工商等国民经济重要领域拥有上万家客户群体。

经过多年努力,中软公司形成了较为完善的自主基础软件发展体系,打造了一个从操作系统、数据库、中间件、安全产品到应用系统的完整的产业发展链条,在未来的行业竞争中将处于优势。

展望未来,中软公司将会立足资源和服务优势,抓住机遇,加大自主产品创新,提升重大工程承担和实施能力;加快国际化进程,逐步形成软件外包服务与自主产品出口全方位发展的国际化业务;同时,积极推动移动增值、智慧城市、软件外包等新型服务业务的发展,实现规模经济和跨越式发展,使中软公司在品牌、市场、团队、技术、管理与国际化接轨,打造为名副其实的"中国软件第一品牌,世界一流知名企业"。

第五章 我国软件服务业的发展状况及发展方向

一、我国软件服务业的发展阶段

中国软件产业起步于20世纪70年代末，经历了一个从无到有、由弱变强、从单个企业到产业群落的发展历程。1978年，计算机工业管理局成立后，我国开始把软件产业独立出来发展。随着改革开放的深化，国外大批软件产品和跨国软件公司开始涌入中国。跨国软件公司通过战略投资，开始将软件开发到售后服务的价值链部分缓解搬到中国，并加强与中国本土软件企业的合作，在追求自身利益最大化的同时，也使得我国软件产业链初具雏形，软件企业开始崛起。具体而言，我国软件产业经历了如下几个发展阶段：

（1）萌芽阶段。

20世纪70年代至80年代初期，以计算机工业管理局和中国公司的成立为标志。这一时期，中国计算机服务公司（中软前身）、中国计算机软件公司、中国计算机系统集成公司等相关公司相继成立，对于中国的软件产业发展而言意义重大。

（2）起步阶段。

20世纪80年代初至80年代末，以中关村的出现和中国软件行业协会的成立为标志。以中国科学院物理研究所陈春先为首的一批高技术人才，1980年在北京市海淀区中关村小区，率先成立了"先进技术"发展服务部，开展咨询和新技术服务，成为我国高新科技产业区"中关村"的发端。1984年，已有40余家高科技公司在中关村注册落户，1988年5月，国务院批准成立北京市高新技术产业开发实验区，即中关村科技园区的前身。经过多年的发展建设，现在中关村已经聚集了以联想、百度等为代表的高新技术企业近两万家，是我国最重要的科技创新中心。中国软件行业协会成立于1984年9月6日，经国家民政部注册登记，由从事软件研究开发、出版、销售、培训，从事信息化系统研究开发、开展信息服务，以及为软件产业提供咨询、市场调研、投融资服务和其他中介服务等的企事业单位与个人自愿结合组成，是唯一代表中国软件产业界并具有全国性一级社团法人资格的行业组织。起步阶段，软件已经开始逐渐独立于硬件发展，独立的软件开发商开始出现，从中文信息处理开始，到办公应用软件、财务处理软件等多个领域的软件产品不断推出，软件开发和技术创新步伐加快，应用领域不断拓宽，与软件产业发展相关的政策和法律开始出台，软件产业环境开始建立。

（3）开拓阶段。

20世纪90年代初至90年代末，以"金字工程"建设为标志。这一时期是我国信息基础设施全面建设和推进时期，尤其是国家一系列"金字工程"的启动带来了大量软件产品和软件系统的需求，中国的软件产业开始了集群式的发展。"金字工程"以"三金工程"作为起点，"三金工程"指金桥、金关和金卡三大信息化工程，在随后几年里，其他"金字工程"如金智、金企、金税、金卫等也不断启动。"金字工程"以应用为主，软件在工程中担任主角，一批承担相应工程的企业和单位成长为我国软件领域的骨干力量。同时，这一阶段软件园区和软件产业基地建设开始铺开，推动了软件产业向集聚化方向发展。1992年，原机电部命名了我国三大软件基地：北京软件基地、上海浦东软件基地和珠海南方软件基地。1995年，科技部认定东大软件园为第一家国家火炬计划软件基地，此后，科技部不断在各地认定新的软件产业基地。软件园和软件产业基地成为软件产业重要的集聚地，为软件产业产业链拓展和企业创新提供了重要的载体和支撑。2001年7月，国家计委和信息产业部在原有软件园的基础上，确定北京、上海、西安、南京、济南、成都、广州、杭州、长沙、大连、珠海为国家重点建设的11个国家级软件产业基地。此后，我国高新技术产业园区方兴未艾、蓬勃发展。

（4）快速发展阶段。

21世纪以来至今，以腾讯、阿里巴巴等公司崛起，中国互联网公司赴美上市，跨国公司微软、Oracle等公司本地化，我国软件企业异军突起为标志。我国软件产业在这一阶段得到快速发展，软件企业数量不断攀升，企业规模、技术水平、竞争力等方面不断增强，软件产品在种类、数量、创新力和应用水平等方面不断提高。软件园和软件产业基地在这一时期迅速发展，营造局部优化政策环境，形成优越的研发、生产、通信、工作和生活环境，产生局部的产业聚集效应和示范效应。2000年以后，中国的软件企业数量大幅扩张，互联网和软件网络营销大规模兴起，在风险投资的推动下，国内一批优秀的互联网企业开始登陆纳斯达克，在全球范围内融资。从2003年开始，微软、IBM、Oracle等跨国软件巨头纷纷加快在中国软件市场本土化进程，从产品、市场、企业员工、技术支持等方面寻求本土化策略，以谋取更大收益。在与跨国软件巨头的竞争中，国内一批骨干公司的软件业务也脱颖而出，例如华为、中兴通讯、海尔集团等。我国软件产业规模不断扩大，软件出口逐年增加，中国软件开始走出国门，在全球软件市场分一杯羹。

二、我国软件服务业的发展现状

1. 我国软件服务业发展的现状特征①

相对于软件服务业发达国家，我国软件服务业发展的历程较短。其萌芽于20世纪70年代，起步于20世纪80年代末，随着社会信息化进程的加快，在进入20世纪90年代以后有了迅猛的发展。如今，我国的软件服务业已初具规模，取得了举国上下对其战略地位的一致认知和高度重视。

（1）软件服务业的产值和规模持续扩大。

自2000年发布实施《鼓励软件产业和集成电路产业发展若干政策》（"18号文件"）以来，我国软件服务业发展迅速，产业收入占国民经济总产值的比重显著提升，由2001年的不足0.7%增长到2010年的3.34%，再到2013年的5.4%，已成为我国国民经济体系中的基础性、战略性、先导性产业，成为促进两化融合的重要支撑和培育经济增长点的重要抓手。2010年全国实现软件业务收入13364亿元，是2005年的3.4倍，2013年全国实现软件业务收入30587亿元，是2010年的2.3倍。如果以2000年为起点的话，增长率以平均每年36%的速度在增长。我国软件和信息技术服务业占电子信息产业的比重由2005年的10.2%提高到2010年的18%。截止到2010年年底，中国软件产业在全球所占份额由不足5%上升到15%。软件业从业人数由不足30万人提

---

① 主要数据来源：工信部网站

高到超过 200 万人[①]。

表 5-1　2000—2013 年我国软件产业市场规模、增长率及 GDP 占比

年份	市场规模（亿元）	同比增长率（%）	市场规模占 GDP 比重（%）
2000	593		0.61
2001	796	34.23	0.74
2002	1100	38.19	0.92
2003	1633	48.45	1.21
2004	2424	48.44	1.52
2005	3906	61.14	2.13
2006	4801	22.91	2.22
2007	5800	20.81	2.18
2008	7573	30.57	2.4
2009	9513	25.62	2.8
2010	13364	40.48	3.34
2011	18468	38.19	3.94
2012	25022	35.49	4.85
2013	30587	22.24	5.4

数据来源：工业和信息化部、中经网

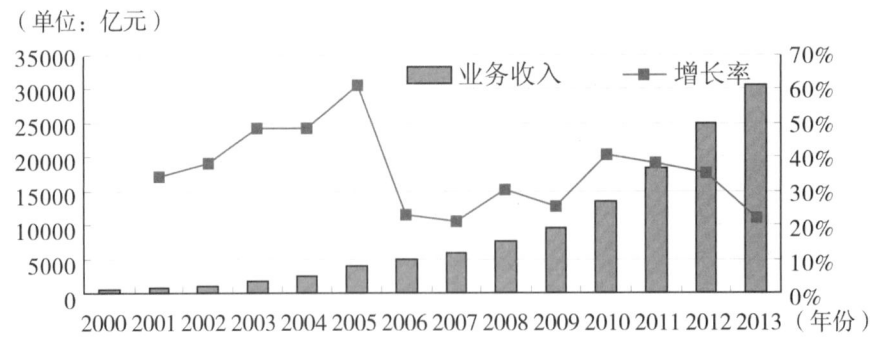

图 5-1　我国软件产业市场规模和年度增长率

数据来源：工业和信息化部

---

① 相关数据来源：工业和信息化部软件服务业司司长陈伟在 2011 全国软件行业协会工作会议上的讲话

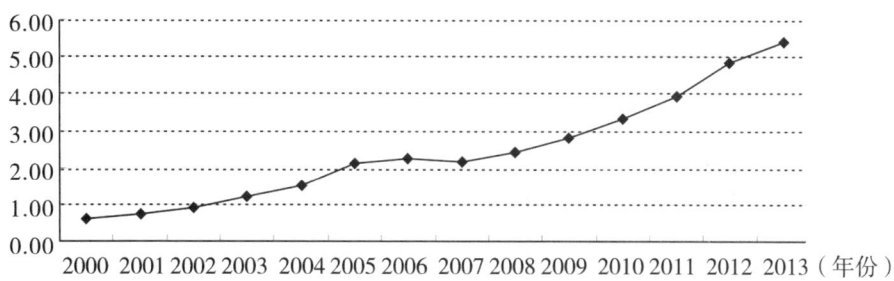

图 5-2 我国软件产业规模与 GDP 比重

数据来源：工业和信息化部、中经网

（2）软件业务结构调整加快，软件业的服务化特征日益突出。

软件服务收入增长带动软件业务调整，特别是与网络相关的信息服务发展迅速。2010 年，信息技术咨询服务和信息技术增值服务收入分别为 1233 亿元和 2178 亿元，同比增长 37.2% 和 44.6%，高于全行业 5.9% 和个 13.3%，两者收入占全行业比重达 25.5%，比 2001 年提高 18.9%。软件产品收入 4208 亿元，同比增长 28.6%；嵌入式系统软件受通信类产品增长放缓影响，完成收入 2242 亿元，同比增长 15.1%，低于全行业 16.2%。受集成电路行业复苏和软件外包市场增长带动，设计开发实现收入 593 亿元，同比增长 73.1%；系统集成和支持服务实现收入 2910 亿元，同比增长 31.8%。

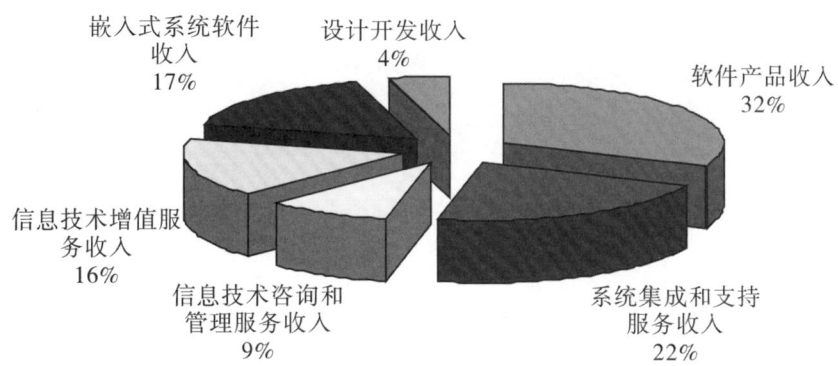

图 5-3 2010 年中国软件产业收入构成情况

数据来源：工业和信息化部

2013 年，我国软件业务结构调整进一步加快，全年软件业务收入突破 3 万亿元，业务收入构成统计与 2010 年相比发生了变化，其中，软件产品收入 9877 亿元，占比 33%；信息系统集成服务收入 6549 亿元，占比 21%；信息技术咨询服务收入3014亿元，占比10%；数据处理和存储服务收入5482亿元，占比18%；嵌入式系统软件收入4680亿元，占比15%；IC设计收入986亿元，占比3%。

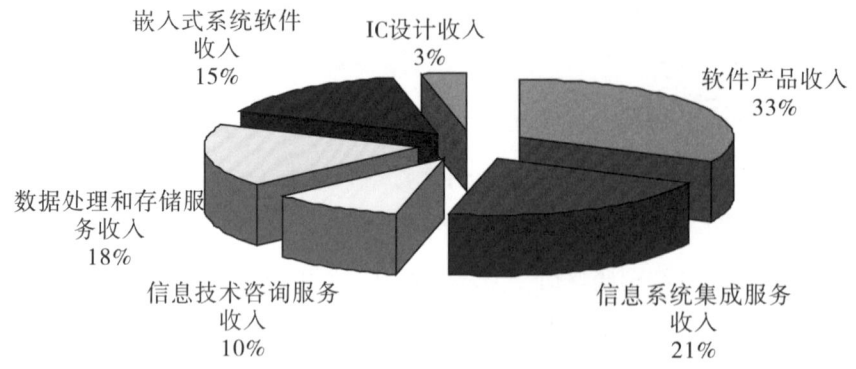

图5-4 我国2013年软件产业业务收入构成

与2012年相比，软件产业细分的6类产品业务收入均有所增长，但增长率存在差异，其中数据处理和存储服务收入增长率最高，达27.93%，信息技术咨询服务收入最低，为14.42%。

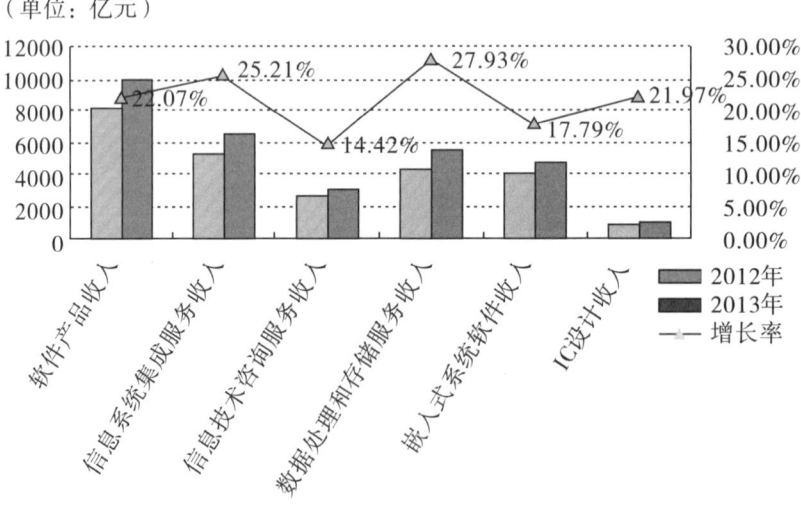

图5-5 2012年、2013年我国软件业务收入构成及2013年增长率
数据来源：工业和信息化部

软件服务业细分的子行业

根据工业与信息化部2013年的统计，我国软件产业可以细分为软件产品、信息系统集成服务、信息技术咨询服务、数据处理和存储服务、嵌入式系统软件和IC设计6个子行业，各子行业的定义和范围如下：

软件产品：软件产品主要包括基础软件、应用软件等。

信息系统集成：信息系统集成，就是通过结构化的综合布线系统和计算机网络技术，将各个分离的设备（如个人电脑）、功能和信息等集成到相互关联的、统一和协调的系统之中，使资源达到充分共享，实现集中、高效、便利的管理。

信息技术咨询服务：信息技术咨询服务包括客户交互服务、后端办公处理、业务流程外包服务（相关的专业化服务）及网络软件服务等，如支持网络系统正常运行的维护、调试与监理；软件产品售前的系统咨询、培训、调试、维护和产品升级及系统扩充；数据库活动、数据加工处理和呼叫中心等业务。

数据处理和存储服务：数据总是以某种格式记录在计算机内部或外部存储介质上，数据存储是数据流在加工过程中产生的临时文件或加工过程中需要查找的信息。数据处理与存储应满足高可用、低成本、高性能、低开销的标准和要求。

嵌入式系统软件：嵌入式系统是以应用为中心，以计算机技术为基础，并且软硬件可裁剪，适用于应用系统对功能、可靠性、成本、体积、功耗有严格要求的专用计算机系统。它一般由嵌入式微处理器、外围硬件设备、嵌入式操作系统以及用户的应用程序等四个部分组成，用于实现对其他设备的控制、监视或管理等功能。

IC设计：IC设计是将系统、逻辑与性能的设计要求转化为具体的物理版图的过程，也是一个把产品从抽象的过程一步步具体化，直至最终物理实现的过程。IC设计简单地说就是硬件电路设计：设计者根据设计要求，提出设计构想，并将这个构思逐步细化，直到具体代码实现；由代码综合出门及网表，生成版图，最终制成产品的过程。

资料来源：工业与信息化部，世经未来

 **案例分析**

以重大专项引导基础软件产业加快整合进程

如何突破国际软件巨头已建立起来的技术和市场壁垒,打破寡头主导的产业生态系统,推动中国基础软件快速产业化、市场化,一直是软件产业发展的难题。中国通过"核高基"重大专项引导,基础软件产业整合效果显著,产业结构进一步优化。

"核高基(核心电子器件、高端通用芯片及基础软件产品)"专项是国家在 IT 领域最重大的科技支持专项,它对基础软件的资金支持力度非常大,对国产软件来说是一个快速发展的重大历史机遇。通过实施"核高基"重大专项,基础软件产业的整合进程加快。其中,在数据库企业方面:由航天科技集团牵头,通过资产重组,整合神舟航天软件技术有限公司、南大通用数据库有限公司、东软股份有限公司等数据库企业,重组成立了天津神舟通用数据库有限公司。中国电子信息产业集团(简称 CEC)收购了武汉达梦数据库有限公司,中国电子科技集团(简称 CETC)投资组建了上海普华基础软件股份有限公司,上海普华基础软件有限公司收购了北京人大金仓信息技术股份有限公司,以国有大型企业强力支持的数据库产业格局逐步形成。在操作系统方面:上海中标软件有限公司得到了股东方 CETC 和 CEC 共 2 亿元的增资扩股,股本结构和资金实力得到了较大提升。同时,江苏省、山东省等地方政府也积极整合地方资源,推进当地基础软件优势企业整合。

产业链垂直纵向整合是目前全球软件巨头进行并购和整合的主要方向,软件产业正在从产品间的竞争发展为体系间的竞争。国际金融危机以来,以 IBM、甲骨文、微软为代表的跨国软件企业不断加强体系整合,通过兼并重组不断构建完整的产业链条。近两年,通过核高基重大专项的积极引导,国内操作系统、数据库、应用系统整合不断深化,国有大型企业不断加大基础软件投入,以国有大型企业为主体的基础软件纵向产品体系逐步形成,产业链基础软件企业资金实力和市场能力得到很大程度的提升,传统基础软件企业"小而散"的局面得到了较大改善,我国基础软件产业体系逐步完善。

资料来源:工信部. 软件服务业十一五发展成就,2010.10.20

(3)软件服务业呈现集聚化、集群化发展态势。

软件服务业发展聚集趋势从过去主要集中在京粤地区转向沿海地区。2010

年，东部地区完成软件业务收入 11449 亿元，同比增长 31.8%，除京粤两地外，沿海多个省市均呈现快速发展势头，江苏、辽宁、福建、山东四省软件收入增长超过 35%，占全国比重比 2001 年提高了 13.4%、3.8%、3.1% 和 1.5%，合计占比达 35%，逐步打破过去京粤两地占全国一半以上的集中局面（两地占比下降为 35.5%）。中心城市成为软件产业发展的主要聚集地，2010 年全国 4 个直辖市和 15 个副省级城市软件收入 10643 亿元，同比增长 32%，占全国比重的 80%，增长快于全国平均水平 1%。在中西部地区，中心城市地位更为突出，成都、西安、重庆 3 个城市占西部地区的 90%，武汉、长春 2 个城市占中部地区 30% 以上。中国 21 个服务外包示范城市已经基本形成"三大集群、东西映射"发展格局，东部沿海 3 大经济区呈现以战略中心型城市为核心的抱团发展态势，初步呈现集群化发展趋势。

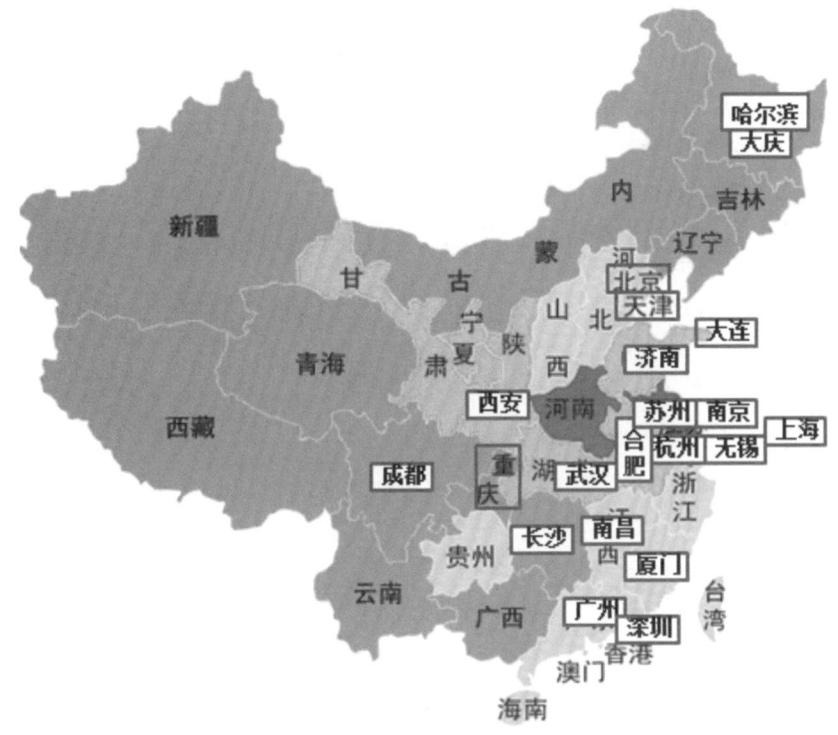

图 5-6 中国服务外包示范城市分布图（21 个）

（4）软件服务业的市场逐步扩大①。

---

① 相关数据来源于中国商务部

中国软件服务业的市场正逐步扩大，虽然目前仍以国内软件市场需求为主，以出口外包为辅，但随着国家对软件产业的支持力度日益加大，中国软件企业正在快速融入世界经济一体化新的产业分工链条之中，软件服务业的市场逐步扩大。2010年，中国软件进出口，其中不含嵌入式软件，保持了较快的增长势头，出口协议金额126.3亿美元，同比增长24.4%，执行金额97.4亿美元，同比增长34%，出口额超过1亿美元的企业已经达到了11家。软件进口合同金额23亿美元，同比增长111%，截止到2010年年底，中国服务外包合同的执行金额达到198亿美元，同比增长43.1%，占全球服务外包市场总量的5.4%，比上一年提升了1.04%，其中离岸合同执行金额是144.5亿美元，同比增长了43.1%，占外包合同执行总额的比重达到了73%。

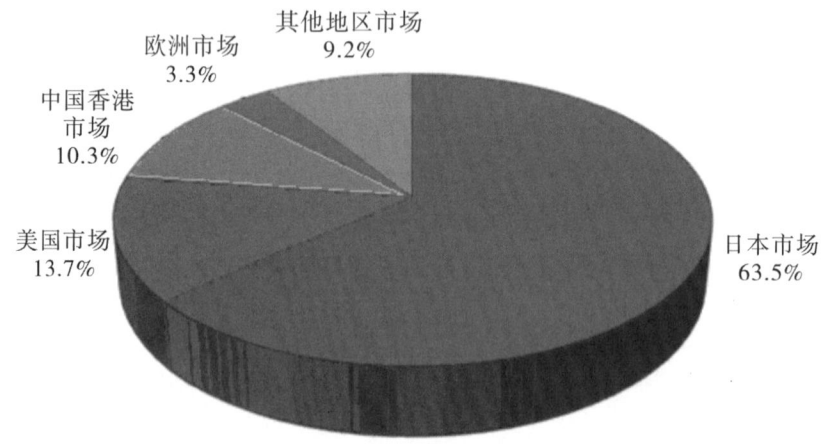

图5-7 目前我国主要的软件外包市场分布图

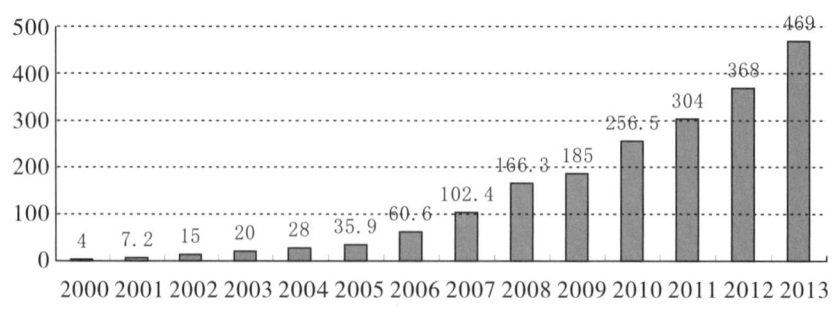

图5-8 我国软件产业2000—2013年出口额（单位：亿元/年）

目前中国的软件外包市场主要集中于亚洲，其中日本市场是中国目前软件外包服务的主要发包市场，在6.33亿美元的外包服务市场总量中，日本市场需求额达到 4.02 亿美元，所占比例为 63.5%，美国、中国香港和欧洲市场分别占据了 13.7%、10.3% 和 3.3%。

（5）软件服务业地区发展不平衡。

从软件企业个数来看，江苏、广东和辽宁 3 个省份均超过 4000 家，北京、上海、湖北和山东 3 个省份（直辖市）均超过 2000 家，甘肃、内蒙古、宁夏、海南、青海 5 个省份（自治区）均不足 100 家，差异悬殊。从软件业务收入来看，江苏、广东、北京、辽宁、上海、山东等省份（直辖市）收入较高，而新疆、内蒙古、山西、甘肃、海南、宁夏、青海等省份（自治区）软件销售收入处于低位。从区域来看，2013 年，我国东部、中部、西部和东北地区的软件业收入占比分别为 74.8%、4.4%、10.3% 和 10.5%，区域差异也比较明显。

表 5-2　2013 年我国软件产业地区收入及构成　　（单位：亿元）

单位名称	企业个数	软件业务收入	其中					
			1. 软件产品收入	2. 信息系统集成服务收入	3. 信息技术咨询服务收入	4. 数据处理和存储服务收入	5. 嵌入式系统软件收入	6. 集成电路设计收入
合计	33335	305874743	98768381	65490565	30140910	54817343	46801022	9856522
北京市	2682	42106310	15544967	10521853	2986874	12164398	74747	813471
天津市	560	7113918	2050111	892798	831702	990599	1126643	1222065
河北省	255	1342256	358602	906358	53418	9722	12360	1796
山西省	127	277592	147671	92656	10319	3356	23403	187
内蒙古区	69	278411	135935	102912	31728	6040	1778	18
辽宁省	4140	27795023	9700132	6662475	3977157	3999569	3199471	256219
吉林省	908	3195737	825656	905193	552852	412587	499138	311
黑龙江省	468	1182164	504758	284048	205312	132315	55011	720
上海市	2498	25389882	8693380	4757609	2565004	5545072	1632299	2196518
江苏省	4540	51772720	16017599	8534653	3311671	6071392	15682097	2155309
浙江省	1768	18988428	5527447	3462372	916641	6582902	2099867	399200
安徽省	337	995709	507062	313286	57338	50343	67353	327

（续表）

单位名称	企业个数	软件业务收入	其中					
			1. 软件产品收入	2. 信息系统集成服务收入	3. 信息技术咨询服务收入	4. 数据处理和存储服务收入	5. 嵌入式系统软件收入	6. 集成电路设计收入
福建省	1457	10140097	3303401	2896237	1297106	886139	1301203	456011
江西省	139	650215	182318	282611	84825	40225	16879	43356
山东省	2191	22640508	7933664	4398114	3334580	2031915	4679161	263073
河南省	331	1932503	716346	806410	216397	63913	108907	20531
湖北省	2368	7094478	3069070	1412349	544253	1352229	654307	62270
湖南省	650	2556576	1115257	699903	26312	60863	653405	836
广东省	4196	49063790	13455542	8134033	4150937	8691771	13624010	1007497
广西壮族自治区	235	754924	342650	284395	53249	61003	11747	1880
海南省	37	157958	45322	97967	7038	7277	353	
重庆市	616	5469408	750027	1813423	981108	1384059	527894	12897
四川省	1291	16003086	5345359	3879166	2151603	3906156	76095	644707
贵州省	210	707286	286687	380754	20720	6905	11772	448
云南省	103	552841	80557	410913	16501	42226	2643	
陕西省	864	6883102	1966777	2050169	1695387	229289	645135	296345
甘肃省	90	245034	81582	122138	13372	23359	4551	33
青海区	16	8952	674	5134	736	991	1418	
宁夏区	69	79315	33393	32581	4098	3017	6027	
新疆区	120	496520	46433	347858	42673	57710	1346	500

数据来源：工业和信息化部

2. 我国软件服务业发展存在的问题

与国外软件产业相比，我国的软件服务业在发展中存在很多的不足，这些不足严重地阻碍了软件服务业的健康发展。

（1）关键核心技术缺乏，自主创新能力薄弱。

我国软件业基本处于国际产业链中下游，核心竞争力较弱。由于核心技术的缺乏，造成企业产品附加值低，产品同质现象严重，企业利润低下。缺乏核心技术的原因主要是企业缺乏拥有自主知识产权的创新产品。一直以来，大部分中国软件开发商都使用国外软件开发工具，或基于国外的技术构架，通过购买第三方工作流、中间件等产品进行软件开发，国产基础软件在软件产业中的基石作用不显现，产品出口主要集中在产业链低端的应用软件类，缺乏持久发展动力。我国对软件开发核心技术普遍不重视，对外依存度高和自主创新能力薄弱等问题，直接导致在国际软件市场上话语权不足。而美国、印度等软件产业发达的国家则在此方面投入巨资和大量的人力、物力，与我国形成鲜明反差。

（2）软件企业规模小，人才结构不合理。

我国软件公司多以小作坊式的经营模式存在，100人以下的企业占70%以

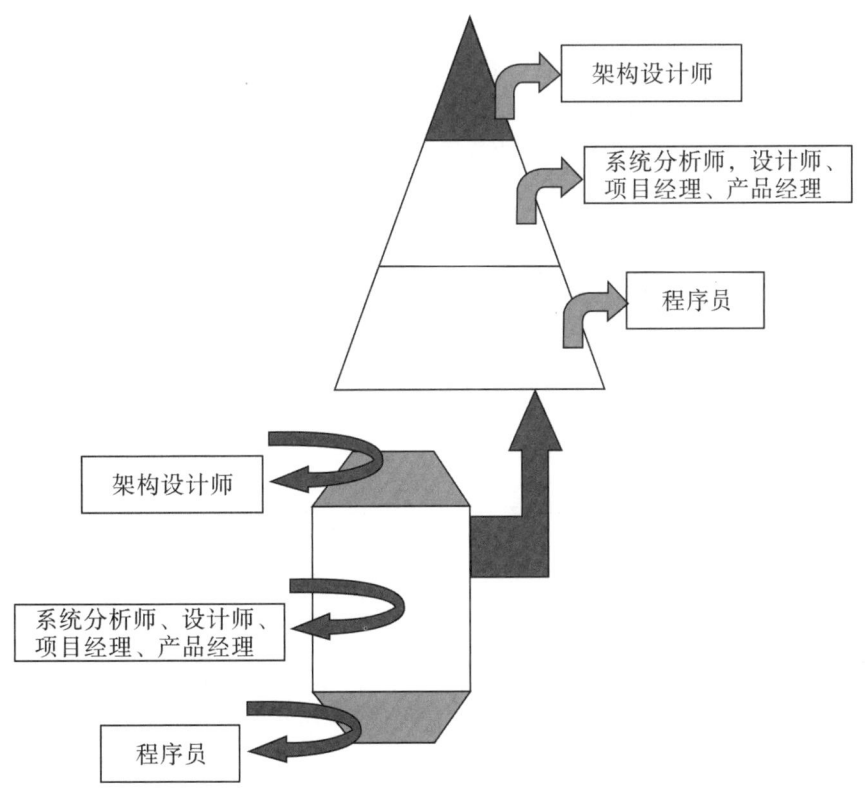

图5-9　我国软件人才结构需从"橄榄形"转向"金字塔形"

上，60%的软件企业年营业收入在50万元以下。大量小规模软件公司的存在使得软件市场的竞争非常恶劣，没有大规模的软件巨企和国外大企业抗衡。此外，我国从事软件业的人才结构也很不合理，软件高端人才、复合型领军人才、国际化软件人才、传统行业应用人才严重缺乏，难以适应软件产业发展和信息技术运用于信息化建设需要。合理的软件人才结构应该是金字塔结构，但我国软件人才结构是两头小、中间大的橄榄形，最高端的硕士以上人才仅占6%，中间的本科、大专人才占60%，低端的操作人员占34%。因此，我国软件业不仅缺乏软件编码和测试等低端人才，更缺乏包括系统分析师、项目管理、外包项目接单等高端人才。

（3）知识产权保护力度不够。

盗版严重制约了中国软件业的发展，并损害了中国在软件市场上的国际形象。虽然我国计算机软件盗版率在逐年下降，但盗版和侵权问题依然严重。据统计，中国的综合盗版率每减少10%，软件销售额将增加4.876亿美元，经济活动总量将增加8.165亿美元，直接、间接创造13170个就业机会，以及7770万美元的政府税收。美国依靠其比较完备的法律、法规对软件知识产权给予保护，并且通过严格的执法建立了有序的市场环境，不断完善的法制环境使许多优秀软件人才愿意投身于软件产业的发展中。从我国在对软件知识产权保护的力度和实际效果来看，与世界软件强国差距明显。

综上可以看出，我国的软件产业要想迎难而上，在逆境中求发展，必须要内外兼修，摒弃自身的不足，吸纳各方所长，积极探索符合自身特点的发展模式。

案例分析

从中印发展的差异看中国软件业的发展模式

印度目前是世界五大软件供应国之一，是仅次于美国的软件大国，而我国软件产业虽然经过20多年的发展已经具备了一定实力，但与印度相比仍有不小的差距。由于中印两国的国情不同，中国不能照搬印度软件产业的发展模式，应在借鉴印度成功经验的基础上，充分利用自身优势，探索具有中国特色的软件产业发展模式。

（1）重视国内市场。

印度的基本国情是基础建设极不发达，交通、通信、电力都不完善，国内生活水平相对较低,对信息化的需求不大,所以印度的软件产业选择以软件外包和出口业务为主。相比之下,中国的基础设施则相对完善,经济发达程度更高,信息化建设需求强大,所以中国软件产业除了要重视出口以外,更要重视内需市场。

(2) 开创适合本土的人才培养模式。

中国软件企业大多是100人以下的小规模企业,企业的项目运作模式和印度大企业截然不同,整个工作都要由团队进行。中国和印度软件产业格局的这种差异,决定了对软件人才需求和培训模式的不同。所以中国软件企业的人员需求更多的是复合型的"一专多能"人才,这就要求中国的软件人才培养更多地应该往"一专多能"方向去做。

(3) 自主创新,发展自有品牌。

印度软件一直以来都是以外包为主,品牌较为弱势,自主创新能力较弱,易受发包方经济波动的影响。吸取印度的教训,中国在软件产业发展的问题上不能急功近利,要脚踏实地走出一条开放创新与自力更生相结合的高效发展道路。中国需要为软件企业创造更好的市场环境,从版权保护到国产软件的优惠,通过自主创新,争取发展自有品牌。

(4) 加强国际竞争与国际合作。

软件技术发展非常迅速,每一两年就有新的技术更新换代。不走国际化的道路,不可能发展,不开拓国际市场,产业增长就会受到限制。印度的模式更多的是与国际企业在业务上的合作,中国软件业除了要走业务合作的道路外,更重要的是通过技术合作增强国际竞争力。比如跟国际上的软件巨头成立合资公司,积极吸纳和借鉴世界软件产业先进的技术和经验,以提升我国软件企业的核心竞争力和我国软件业的综合素质。

小结:中国目前正处于产业结构优化和升级的关键时期,所以,结合中国的实际情况和产业特点,借鉴印度软件产业的成功经验,切忌盲目照搬,对于实现中国软件产业的转变与升级必将起到重要作用。

三、我国软件服务业的竞争状况

中国日渐成为全球软件行业关注的中心,不但已经成为全球重要的软件制造和销售中心,同时也日益成为全球软件研发中心的角色。众多跨国软件企业与国内软件企业逐鹿中国市场的同时,也使得国内软件企业实力在激烈的竞争中不断壮大,竞争队伍也不断扩大,而竞争的焦点也已经从全方位的竞争转型为细分优势领域的竞争，竞争的手段已经从产品线的扩张转向核心业务的强化和品牌的提升。

1. 软件服务业全球价值链分析

一般而言，全球价值链可分为上游、中游和下游三段。软件产业链的上游主要是指操作系统、数据库等基础软件平台的开发应用，也是主宰着整个软件产业发展方向重要的一环。在上游领域，美国始终处于霸主地位，操作系统软件和数据库软件都诞生在美国，且一直处于全球垄断地位，绝大部分上游企业包括微软、IBM 和 Oracle 公司等都是这一领域的主导力量，这些软件企业主导着未来软件产业发展的方向，从而使美国软件产业长期处在价值链的上游。

软件产业链的中游包括项目开发（模块开发）和嵌入式软件开发两大类，向上能够影响产业游戏规则的制定，向下可以控制应用软件的开发设计。项目开发类以印度、爱尔兰的软件产业为代表，印度软件业凭借优秀的人才、低廉的成本和高品质的产品在全球软件服务外包领域独树一帜；嵌入式软件属日本的实力最为雄厚，日本拥有先进的软件技术，随着日本的汽车、电子等产业的成熟壮大，日本已经成为全球第二大软件产品和软件服务的需求国。

软件产业链的下游主要是应用软件的开发，包括高级应用类软件、一般应用类软件开发和系统集成中的软件开发三类，其中前者包括企业资源计划（ERP）、客户关系管理（SCM）等。

中国软件企业在不具备上游软件的开发能力和中游软件的开发优势之下，将主要精力投放在下游应用软件的开发与设计中，因此中国软件在全球产业链下游方面的发展非常快，涌现出了包括华为、东软、浪潮、用友等国内软件巨头。但总体而言，我国在软件产业国际分工体系中处在竞争力不强、获取附加值能力低的"微笑曲线"的中间环节，产业竞争力亟待提升。

2. 软件服务业行业壁垒分析

软件服务业具有相对较高的行业壁垒，主要体现在三个方面。第一，技术和资质壁垒。软件服务业是技术密集型产业，专业性强，技术和产品的创新能力是决定公司竞争优势的关键因素，软件企业在本行业从事经营，需要取得计算机信息系统集成资质认证、涉及国家秘密的计算机信息系统集成资质认证、软件企业认证、CMM 或 CMMI 认证等体现行业技术专业性的资质认证，这从不同层面树立起了本行业的参照指标和市场准入壁垒。第二，人才和资金壁垒。软件行业人才呈"金字塔"形分布是合理的，但我国软件行业则是典型的"橄榄形"分布，高素质的专业人才相对有限，"劳动大军"也有待形成，另外，软件产品的研发、系统集成业务和市场开拓需要大量的资金投入，虽然我国在软件行业相关政策及"十二五"规划中都提到了融资问题，但是软件行业的高风险性经常使软件企业尤其是中小型软件企业面临困境。第三，客户资源壁垒。软件行业企业一般都通过长期的技术应用和服务逐步形成自身稳定成熟的客户群，对于新的行业进入者，很难在短期内培养出自己的客户群，因而面临着较大的生存压力。

3. 软件服务业细分领域分析

我国软件服务业市场主要由软件产品、系统集成与软件服务组成。软件产品主要包括系统软件、应用软件以及支撑软件。在系统软件方面，目前我国主要使用的操作系统由微软等国外厂商垄断，国内厂商只在开放源码的 Linux 系统方面得到了一些发展；支撑软件方面，数据库软件也是以国外厂商为主，国内软件企业只在少量的中间件市场占有一定的份额；在应用软件方面，随着国内市场需求不断扩大和信息化建设的开展，行业应用软件和财务软件方面企业由于熟悉本土市场，表现出较强的竞争优势。

在系统集成领域，行业解决方案与服务成为重要内容。随着我国信息化的开展，符合特定行业需求的解决方案及服务逐渐成为政府、金融、能源、电信等主要行业市场需求的重点，这对于在行业内的领先企业来说，由于具备较强的技术实施能力，可以承接硬件与软件相结合的行业整体解决方案与服务项目，在竞争中处于优势；对于新进入行业的小公司则由于资质与规模实力的限制，主要以从事硬件集成项目为主。

软件服务在软件产业中的地位日渐突出。随着我国软件市场和软件产业逐步走向成熟，大规模的软件采购将逐渐减少，而软件服务需求则会迅速增长起来。因此，系统集成一体化服务能力的高低，将会成为影响软件服务业竞争优势的重要因素。

4. 软件企业竞争分析

2014 年 6 月，工业和信息化部发布 2014 年（第 13 届）中国软件收入百强名单，百强入围门槛由上届的 7.8 亿元升至 9.3 亿元。从业务数据来看，新一届软件百强实现业务收入 4751 亿元，比上届增长 29.6%；实现利润 899 亿元，比上届增长 37.4%；实现出口收入 196 亿元，比上届增长 46%。

2001 年以来，"软件百强"的业务收入是逐年增长的，但"软件百强"业务收入在我国软件产业总收入中的占比却是逐年下降的。

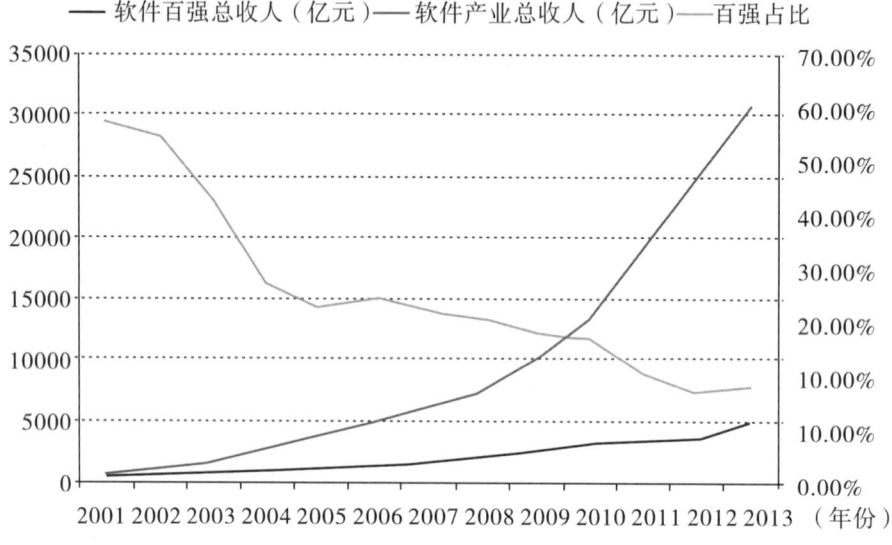

图 5-10 我国 2014 年软件收入及占比情况

资料来源：http://www.sina.com.cn

华为公司软件销售收入遥遥领先，但 10 强名单中软件销售收入快速下降。尽管"软件百强"的入选门槛逐年提高，但国内排名靠前的软件公司，销售收入相比国际软件巨头仍有很大差距。而且，整体来看，国内软件企业的规模普遍偏小，100 人以下的小型企业占软件产业的主导地位，研发实力、管理水平、资金实力等瓶颈因素将会制约小型企业的发展，有一部分同质化的小企业将在激烈的市场竞争中逐步消失，或被并购，或被淘汰，而生存下来的企业的实力和规模则会大大加强，这种局面将有利于我国软件产业的国际竞争力提升。

表 5-3 我国 2014 年和 2013 年软件业务收入 10 强

	2014 年			2013 年	
排名	企业名称	收入（亿元）	排名	企业名称	收入（亿元）
1	华为技术有限公司	1216	1	华为技术有限公司	1018
2	中兴通讯股份有限公司	463	2	海尔集团公司	379
3	海尔集团公司	401	3	浪潮集团有限公司	95
4	北大方正集团有限公司	122	4	北大方正集团有限公司	95

（续表）

2014 年			2013 年		
排名	企业名称	收入（亿元）	排名	企业名称	收入（亿元）
5	浪潮集团有限公司	115	5	南京南瑞集团公司	74
6	南京南瑞集团公司	100	6	南京联创科技集团股份有限公司	72
7	海信集团有限公司	100	7	东软集团股份有限公司	69
8	南京联创科技集团股份有限公司	79	8	中国银联股份有限公司	60
9	东软集团股份有限公司	75	9	航天信息股份有限公司	57
10	中国银联股份有限公司	74	10	神州数码系统集成服务有限公司	56

资料来源：工业和信息化部

四、我国软件服务业的产业布局

我国软件服务业区域分布呈现分散集中格局，中心城市为产业发展聚集点。近几年，中国软件产业发展聚集趋势从过去主要集中在京粤地区转向沿海和中西部地区中心城市。总体来讲，我国软件行业的布局整体呈现"一带一轴一三角"特征。[①]

"带"：东部沿海软件产业带，北起环渤海地区、东至长三角地区、南到珠三角地区，囊括了北京、上海、广州、深圳、南京等中国最重要的软件产业城市，是中国软件产业发展的第一集团。

"轴"：中部发展轴，这一区域北起河北，南至湖南，包括了众多中部地区省市，是东部沿海软件产业带向内陆地区的延续。

"三角"：成都、重庆、西安这三个西部中心城市组成了中国软件产业在西部地区的"黄金三角"。该区域软件产业产值虽然与东部沿海软件产业带仍存在差距，但近年来产业发展较快，产业集中度和整体实力快速提升，是中国软

---

① 本部分内容资料来源：世经未来. 2012 年软件行业风险分析报告［R］. 世经未来研究报告, 2012

件产业未来发展的重要潜力区域。

1. 环渤海地区

环渤海地区包括北京、天津、河北、辽宁和山东等省市，是中国软件产业传统重地，占据着中国软件产业的制高点，是软件产业链高端的引领者，产业集聚效应明显、人才优势突出；软件企业融资并购较为活跃，具有较强的发展后劲；紧密跟踪产业发展动向和热点，把握新的发展机遇；善于通过政策、技术、资金等多种渠道获得企业发展的有利条件。在这一聚集区中，北京是带动软件产业发展的龙头，聚集了中国最多的科研机构和高级软件人才，智力资源竞争力居中国之首，是众多国内外软件企业总部及主要核心研发机构所在地，通过快速密集的技术创新打破低端锁定，逐渐实施以掌握产业链高端为主导的发展模式。

2. 长三角地区

长三角地区是中国最具经济活力的地区，是软件服务业多级联动立体发展的先行区。科技资源和综合配套能力得天独厚，区位、资本、教育竞争力强，驱动软件产业强劲发展。上海、江苏和浙江为主的长江三角洲地区是中国重要的软件产品和信息服务基地，在国内软件产业占有重要地位。近年来，长三角地区注重内涵发展，政企合力多级联动推进软件产业蓬勃发展，整个地区的产业建设已经进入快车道。特别是随着南京、苏州、杭州等城市软件服务业的快速崛起，无锡、扬州、宁波等城市的不断跟进，正在与上海形成梯队发展格局，地区产业配套能力增强，产业势能不断提升。

3. 珠三角地区

珠三角地区是中国最重要的软件产业基地之一，是创新环境突出的示范者。产业集中度高，汇聚业内众多知名企业，在软件发展中注重营造良好的创新环境和产业发展氛围，已形成了较为成熟、完整的产业链。珠三角软件业务收入一直保持着稳定、高速的增长态势，在国内软件产业所占比重逐年上升。珠三角地区优势突出，创业环境良好，领先的电子政务、城市信息化建设及旺盛的企业客户需求为软件企业提供了潜力巨大的目标客户群，行业应用软件实力突出，具备相当的软件产业发展后劲，而珠三角强大的电子制造业基础为嵌入式软件的迅速发展提供了天然的腾飞平台。面向行业的产业公共技术开发平台如数字家庭公共服务技术支持中心、Linux 公共服务技术支持中心、嵌入式软件技术支持中心等的建设为软件产业发展提供了优良的创新支撑环境，有效提高了产业自主创新能力。深圳、广州等软件产业发达城市对整个珠三角地区软件产业的拉动效应愈发明显。

4. 西三角地区

"中心城市带动产业发展"这一全国整体性趋势在西部地区表现尤为明显，中心城市地位更为突出，成都、西安、重庆 3 个城市软件业务收入占西部地区的 90%，形成了中国软件产业区域分布中的"西三角"格局，是后发优势强劲的追赶者。该地区人才资源丰富、科研能力突出、劳动力成本低，具有发展软件产业的天然优势。西三角地区以"低成本"打造自身在产业链中的竞争力，软件产业经历了一个从无到有、从满足国内市场到参与国际分工的发展历程，积极融入全球性竞争与整合浪潮，众多跨国企业在该地区设立研发中心，并开展软件与服务外包业务。同时，西三角地区引进更多的创新要素，学习国外知识创新经验，为持续自主创新奠定良好的基础不断增强核心实力，正在超越低端锁定，转变产业链中的角色。

五、我国软件服务业的发展趋势判断

1. 我国软件服务业面临新的机遇和挑战①

软件服务业的蓬勃发展打破了时间、空间乃至文化、观念的隔离，进入了全新的发展阶段。这不仅使软件服务业的全球重组和资源优化配置达到了空前高度，也使世界各国经济、产业、技术创新及经营管理模式出现全方位变革，这既给中国的软件服务业发展带来重大机遇，也带来了严峻挑战。

（1）我国软件服务业的发展面临重大机遇。

从长远来看，全球软件和信息服务产业链的国际分工已经明晰，新一轮资源配置和产业结构调整必将为中国的软件服务业带来新的机遇。

机遇之一，我国处在工业化、信息化高度融合时期。新时期，国家提出了"十二五"期间软件产业的目标，即到 2015 年软件服务业收入年均增长率超过 20%，占电子信息行业收入比重超过 20%，培育年收入超过 100 亿元的企业逾 10 家。而在"十二五"规划中，软件服务业作为"新一代信息技术"的组成部分，更是工业对接国家高新技术产业的重要一环。在数字城市各领域，地球空间信息产业 3S（GIS、GPS、RS）提供了基础数据库，使得交通、城市管理

---

① 丁俊等. 从软件产业链角度论软件产业的发展. 软件导刊，2006（6）

图 5-11 3S 应用极为广泛

等领域的智能化应用成为可能。

机遇之二,软件领域的技术发展、更新和应用加快。当前,信息技术和产业仍处于快速发展期,软件领域的技术发展和更新进一步加快,新一代信息技术涉及 3G、地球空间信息产业(3S)、三网融合、物联网和信息安全、云计算等,这几大领域未来在中国将都是千亿级别的市场,行业带动效应达到万亿。

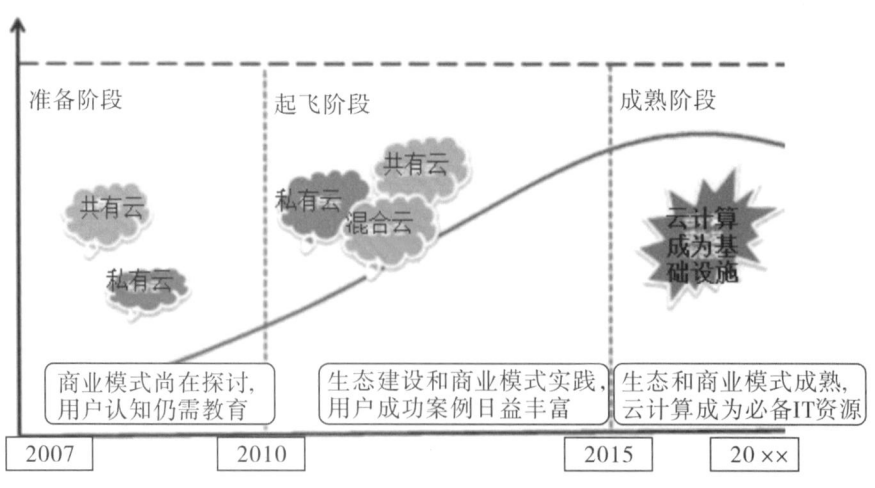

图 5-12 中国云计算产业发展及应用趋势

新技术不断涌现，产业组织模式、商业模式不断创新，跨国公司已先行部署，新一轮竞争高潮正在到来。软件网络化、服务化发展趋势日益明显，内容与网络、产品与服务、软件与其他行业之间的融合进一步提速和加深，为整个产业转型提升带来重大机遇。

机遇之三，全球软件外包服务转移加快。未来全球离岸外包总量将超过3000亿美元。欧美和日本近年来持续进行软件和信息服务的地区转移，将大量的编程和售后服务工作外包给其他生产成本较低的国家。其中，欧美主要外包方向是中东欧，其次是东南亚地区；日本主要外包方向在中国。中国软件业目前的硬件服务占74%，软件只占了16%，服务占了9%，而美国的软件产业服务占42%，硬件占30%，这种结构性的落差，恰恰给予了中国一个赶超世界先进国家的机会。

（2）我国软件服务业的发展仍面临严峻挑战。

中国的软件服务业依然面临着前所未有的严峻挑战。从国际大环境来讲，国际金融危机之后，国际软件市场的竞争日益加剧，国际大公司加大知识产权保护力度，形成更加严格的技术封锁；各国政府纷纷出台支持本国软件产业发展的政策，这些都对中国的软件和信息服务外包企业的国际竞争力产生重大的影响。此外，由于我国的软件产业集中度不高，企业规模普遍偏小，低成本优势在逐渐削弱，而新的接包国家和地区在迅速崛起。从国内来讲，首先，我国软件服务企业在交付能力、服务水平、人才储备、品牌建设等方面和国际水平存在较大的差距；其次，我国对软件的知识产权保护力度不够，使得软件产业的市场难以有坚实的价值基础，严重地制约了软件服务业的发展空间。总之，中国还不是软件大国、软件强国，中国软件业的发展仍然任重道远。

2. 我国软件服务业将进入快速发展期

国际金融危机之后，软件服务业的地位越来越重要，成为促进经济转型和产业升级的助推器。改革开放30年之后，中国经济站在了新的起点上，必须从"中国制造"向"中国创造"和"中国服务"转变，软件和信息服务业作为市场潜力巨大的朝阳产业，将驶入发展的快车道。

（1）ITO、BPO整合服务模式成为新的市场增长点。

传统的单一软件外包服务商正在根据资源能力逐步拓展服务领域，从开发向技术支持、咨询、业务信息管理等外包领域不断拓展，通过整合服务模式提升综合竞争力。IBM、HP、TCS、Wipro等全球性服务商正在把重点放在业务咨询和技术实施能力更紧密结合上,并扩大服务类别和集成性的外包业务。尤其是在银行、保险、医疗、能源等领域,更多的外包项目把软件开发、ITO(信息技术外包)和BPO(业务流程外包)捆绑外包。BPO与ITO双向渗透日趋明显,"整合式外包"在创新、成本、灵活性等方面更具明显效益,将成为未来市场新的增长点。

(2)各行各业的软件应用将进一步促进软件市场的扩大。

在两化融合大战略下,工业软件和嵌入式软件将得到更多的发展机会。铁路、轨道交通行业在高速铁路和城市轨道交通投资和建设的带动下,随着建设进度的加快将会出现信息系统建设的高峰,输控管等行业应用和后台的办公及管理都将产生出很大的新增市场空间。新能源、电力行业在低碳和智能电网发展需求下,将出现软件行业应用的新增长点。医疗卫生、公安、社保行业随着居民生活和安全保障要求的提高,也将落实扩大管理能力和范围,因此相应的行业应用也会释放大量的市场机会。汽车、装备、电子、制造行业用户需求持续旺盛,产能的谨慎扩张和用户服务深化将成为带动相关应用的两个抓手。银行、保险、证券、电信行业在新业务的不断创新和内部管理能力的进一步提升压力下,进一步借助外部软件企业的力量来实现目标,可望带来持续的订单,

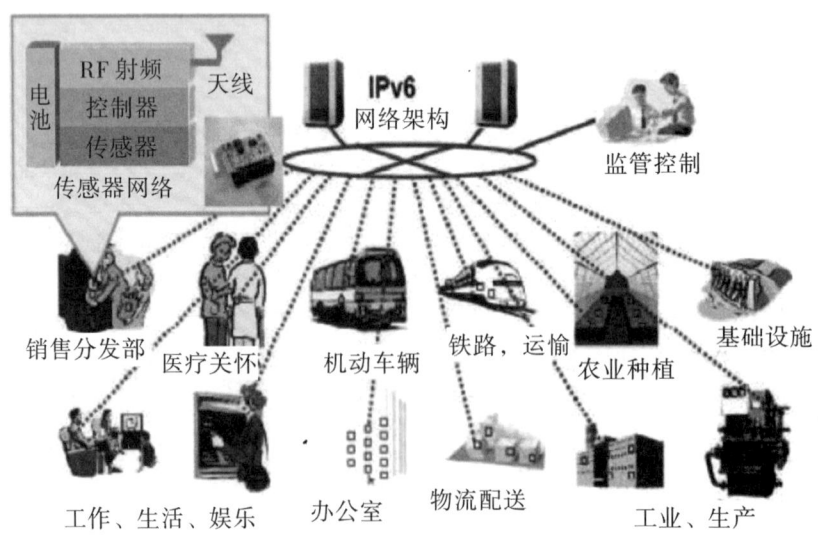

图5-13 物联网行业应用将拓展软件市场空间

资料来源:申万研究《2011年软件服务业投资策略报告》

这些都将带给中国软件市场带来一股新的发展动力①。

六、"十二五"时期我国软件服务业的发展重点

"十二五"时期,我国将持续关注软件与硬件、技术与应用、应用与市场、市场与产业的互动关系,紧紧把握软件和信息技术服务业发展趋势,面向物联网、云计算等新兴领域,建立自主可控的技术和产业体系,培育世界级软件企业,实现软件服务业又好又快地发展。为此,将重点抓好以下几方面的工作:

1. 加快实施"核高基"重大专项,完善产业自主创新体系

加快实施"核高基"基础软件产品科技重大专项,进一步推动基础软件企业整合重组,集中力量突破关键基础软件技术和核心产品。加快研发信息安全技术和重点产品,规范和发展信息安全测试评估、安全运维等专业化服务,要继续支持运营商联合手机厂商以及软件开发商,完善运营商主导,产学研用相结合的智能终端产业环境。

2. 加快软件技术和服务标准体系建设,加强知识产权保护

建立涵盖软件技术产品、软件应用和信息技术服务在内的软件服务业标准体系,努力争取更大的国际标准话语权,积极引导和规范产业创新发展。进一步推进软件正版化工作,加大对网络环境下软件著作权的保护力度。加强反垄断工作,依法打击各种滥用知识产权、限制竞争的行为,坚持政府引导、行业自律,充分发挥行业协会作用,加快软件行业诚信体系建设,营造诚信守法的市场环境。

3. 促进软件产业与传统产业的融合发展,提高软件技术应用水平

以工业软件和行业解决方案为重点,引导软件企业与工业企业开展多层次合作,促进地区间、行业间和企业间的联合,提高整体实力和应用效果。大力推动软件产业和传统工业的融合发展,进一步鼓励和支持工业企业加大技术改造力度,充分利用软件等信息技术提升传统工业企业的创新发展能力。支持钢铁、汽车、纺织、石化等行业将内设的优势软件和信息技术服务机构剥离,组建专业化的软件服务企业,继续实施软件服务企业技改项目。

4. 加快培育软件服务业新型业态

加快发展信息技术服务业。面对移动互联网、3G 及三网融合等快速发展

---

① 来源于赛迪网. 后危机时代的中国软件与服务产业大势,2010.3.16

带来的新机遇，进一步扩大软件的网络化服务，积极培育软件即服务（SaaS）、云计算、物联网、数字内容、服务外包、电子商务等新业态、新模式。做好服务外包公共服务体系建设和游戏软件标准研制，扶持龙头企业，培育服务外包和解决方案的内需市场。支持游戏动漫和数字娱乐关键技术、开发工具的研发和产业化。

 **政策要点**

《关于做好云计算服务创新发展试点示范工作的通知》主要内容

2010年10月18日，国家发展改革委与工业和信息化部联合发布的发改高技〔2010〕2480号《关于做好云计算服务创新发展试点示范工作的通知》，文件指出，为加强我国云计算创新发展顶层设计和科学布局，推进云计算中心（平台）建设，在充分考虑各地区产业发展情况的基础上，国家发展改革委、工业和信息化部拟按照自主、可控、高效原则，在北京、上海、深圳、杭州、无锡等五个城市先行开展云计算创新发展试点示范工作。

试点示范的主要内容：

（1）针对政府、大中小企业和个人等不同用户需求，研究推进SaaS（软件即服务）、PaaS（平台即服务）和IaaS（基础设施即服务）等服务模式创新发展。可选择若干信息服务骨干企业作为试点企业，建设云计算中心（平台），面向全国开展相关服务。

（2）以信息服务骨干企业牵头、产学研用联合方式，加强虚拟化技术、分布式存储技术、海量数据管理技术等核心技术研发和产业化。

（3）组建全国性云计算产业联盟，形成云计算创新发展的合力。

（4）加强云计算技术标准、服务标准和有关安全管理规范的研究制定。

国家出台的此举措将是对我国云计算发展的一个大力推进，云计算是基于互联网、通过虚拟化方式共享资源的计算模式，使计算、存储、网络、软件等资源按照用户的动态需要，以服务的方式提供。云计算是继个人电脑、互联网之后，信息技术的重大革新，为我国落实《国家中长期科学和技术发展规划纲要（2006—2020年）》、促进软件和信息服务业的新发展，加快建设创新型国家提供了重大的发展机遇。

5. 加快培育龙头企业，鼓励企业参与国际竞争

进一步完善落实软件产业扶持政策，通过加强合作、转型深化等方式，加

大对龙头企业的扶持力度,引导优势企业通过兼并重组和上市融资做大做强,加快培育一批龙头软件服务企业。通过合理的资源配置,优化产业分工,并通过制定和实施优惠的融资、汇兑、税收、人才政策等,建立健全包括政府服务与中介服务的海外投资服务体系等措施鼓励和扶持有实力的企业走出去积极参与国际竞争,提高在全球产业价值链中的地位。

 **案例分析**

全球新经济环境下大连软件产业的创新发展

在全球经济大调整、大变革的新形势下,特别是在国际金融危机爆发之后,大连以开放的思维和全球化的视角,认真审视自身的城市产业要素和优势,紧紧抓住世界软件外包产业大转移的战略机遇,采取了一系列推动软件和服务外包产业大发展的创新做法,提高了大连软件产业水平和核心竞争力。

(1) 由成本中心向服务中心升级。大连软件产业发展的核心区——大连软件园,抓住国际金融危机后的新一轮全球产业转移的契机,以"建设世界办公室"为园区发展目标,帮助快速成长的软件企业在大连设立后台支持和服务中心,实现国际化流程再造和转型,加速软件和信息服务业从成本中心向服务中心升级。

(2) 加大技术创新和技术改造。大连把物联网、三网融合、3G技术、云计算等列入软件和信息服务产业技术创新的重点。目前,大连在港航物流、金融数据处理、制造业后台管理和服务、汽车电子等信息服务领域,通过国际并购和技术改进开辟产品线的创新体系,为大连的高端服务和高端制造业的跨越式发展提供了强大的动力。

(3) 向软件服务业价值链上游转移。大连充分利用承办中国软件交易会的契机,加大对外招商的力度。思科高级服务交付中心、甲骨文全球技术支持中心和富达金融后台服务中心等高端软件机构相继落户大连,使大连软件产业由最初的软件代工向解决方案设计、高端产品研发、信息技术支持、金融后台服务等价值链上游转移。

(4) 搭建公共服务平台,拓展国内外市场。在推进产业升级的同时,大连把成熟的软件产业运营模式向国内外辐射,先后在苏州、武汉、天津建设了富有特色的软件园。在日本开设了中国首家海外软件园,建园一年多来,已有近40家软件企业入驻,成为大连软件和服务外包企业在日本发展的公共服务平台。

经过努力，2009年，大连市软件年销售收入突破400亿元，比上一年增长30%，全年软件和服务外包出口14亿美元，同比增长34%；在线登记服务外包合同金额9.17亿美元，执行金额5.77亿美元，同比增长96%。大连正在向建设"全球软件和服务外包新领军城市"的目标迈进。

资料来源：侯玉. 看大连的微笑曲线——大连软件产业创新发展解码. 中国经济和信息化，2010（11）

6. 务实建设中国软件名城、产业基地、特色园区等产业载体，增强产业集聚发展能力

软件产业发展具有区域聚集的特点，创建中国软件名城是创新行业管理和产业发展模式的重要探索。要通过名城创建，汇聚优势资源，突出城市特色，把软件服务业发展重点与城市功能定位和发展提升有机结合，为中小软件企业搭建公共服务平台。提升软件对城市，特别是对地方支柱产业发展的支撑能力。积极推进先行试点，积累经验，实施推广，实现我国软件产业的集聚发展和创新提升。

7. 完善人才培养和服务体系，培养多层次软件人才

充分利用各类教育培训机构，按照市场要求对软件服务从业人员开展分层次、分类型的职业资格认证，完善人才培养和服务体系。培养和引进高端人才，尤其是吸引国际优秀软件人才，发展高端软件服务业，特别要培养引进一批具有国内外影响和行业权威的技术带头人和善经营会管理的领军人才。根据市场要求，建立企业与高校联动机制，实现新技术、市场、人才优势互补，培养多层次软件人才。

第六章 我国先进地区软件服务业发展的经验与做法

一、北京软件服务业发展的经验和主要做法

1. 北京软件和信息服务业的发展现状与成就

（1）总量。北京软件和信息服务业保持稳健发展良好态势，初步成为有全球影响力的新兴软件研发中心和软件产业集聚区。2012年北京市软件产业企业达2752家。其中，软件业务收入为3612.09亿元，与上年同期相比增长20%；软件产品收入为1326.4亿元，同比增长率为17.3%；信息系统集成服务收入为912.6亿元，同比增长率为16.9%。

（2）结构。北京软件和信息服务业主要包括基础信息传输、基础软件、通用应用级平台软件、行业应用及系统集成、软件技术支持服务、以互联网为主的信息技术增值服务、嵌入式系统软件、软件设计开发。2012年，北京市软件企业实现信息技术咨询服务收入318.4亿元，同比增长率为18.1%；行业应用级系统集成收入达950.58亿元，同比增长率为30.1%；嵌入式系统软件收入为80.44亿元，同比增长率为6.2%；IC设计收入为23.53亿元，同比增长率为12.3%。

北京软件和信息服务业以行业应用软件和信息服务为主体，产业链相对完整，优势领域比较突出，新兴领域较快发展，形成了涵盖信息传输、基础软件、应用软件、信息技术（IT）服务、信息服务、嵌入式软件、集成电路（IC）设计等完整的产业链。北京软件产业多个领域在全国竞争优势明显。"十一五"期间，在行业应用软件方面，以政府、金融、电信、制造业、能源、教

育等领域的行业解决方案为代表，收入规模占全市的36%，约占全国市场的1/3。在信息服务方面，以互联网信息服务、IT外包、数字内容为代表，收入规模占全市的27%，成为全国互联网信息服务中心和极具竞争力的全球新兴接包地之一。在企业管理软件、信息安全软件、搜索引擎、网络游戏、大型系统集成等细分市场，北京的优势地位进一步加强。以移动互联网、云计算、物联网和电子商务等为代表的新兴领域收入增速超过50%，正在形成新的产业增长点。

（3）重点企业。北京市软件和信息服务业具有浓厚的总部经济特点，国外龙头软件和信息服务企业竞相在北京设立总部，充分利用北京得天独厚的品牌传播、理念引领的有利条件，主打高端软件和信息服务领域。此外，北京市具有培养民族软件和信息服务产业的沃土，众多以自主创新为主的本土企业已经在北京形成了聚集发展之势。用友软件、东方通、北京软通、文思海辉、新浪、华胜天成、奇虎360等公司都是其中的佼佼者。北京华胜天成科技股份有限公司（以下简称：华胜天成）是国内第一家服务网络覆盖整个大中华区域及部分东南亚的本土IT服务商。旗下拥有两家上市公司：华胜天成、香港ASL公司。华胜天成在中国内地及港澳台地区、东南亚等地区设有40多个分支机构，员工人数超过5000名，直接或间接控股的子公司有二十多家。华胜天成自2004年上市以来，业务规模的年均复合增长率（CAGR）达到30%以上，现业务规模超过50亿元人民币。华胜天成的业务方向涉及云计算、移动互联网、物联网、信息安全等领域，业务领域涵盖IT产品化服务、应用软件开发、系统集成及增值分销等多种IT服务业务，是中国最早提出IT服务产品化的公司。用友公司是亚太本土最大的管理软件、ERP软件、集团管理软件、人力资源管理软件、客户关系管理软件、小型企业管理软件、财政及行政事业单位管理软件、汽车行业管理软件、烟草行业管理软件、内部审计软件及服务提供商，也是中国领先的企业云服务、医疗卫生信息化、管理咨询及管理信息化人才培训提供商。京软通动力信息技术有限公司是中国领先的专业IT服务及软件外包提供商，位居2006年度"中国高科技、高成长50强"软件外包第1名。公司通过软件行业世界最高级CMMI5认证，外包客户包括霍尼韦尔、空中客车、三星、华为等世界知名企业。

2. 北京发展软件和信息服务业的主要做法

近年来，作为中国软件之都的北京始终坚持联合创新的发展战略，实现了跨越式的发展，软件产业销售收入一直居全国前茅。2010年，北京正式启动了"四个一批"工程，该工程以"打造一批大集团、聚集一批大总部、做强一批高端企业、培育一批高成长企业"为核心，首批有178家企业参加。北京市经济和信息化委员会将针对这些企业逐一落实发展目标、发展战略、重点项目和需要解决的问题，一企一策，有针对性地加以支持。百度、用友、神州数码、华胜天成、搜狐、新浪、中国软件、航天信息、方正、同方、文思创新、亚信等12个著名企业，成为未来几年打造百亿级集团的候选企业；腾讯、金蝶等京外知名企业被列入了重点服务的企业总部，积极开展"总部战略"的具体落实。

（1）建立示范引导性的专业基地。为推动北京市软件和信息服务业的新型业态和在新领域的发展，北京市经济和信息化委员会宣布建立"北京数字信息产业基地""北京工业软件示范基地""北京云计算产业示范基地"和"北京导航产业示范基地"等一批具示范引导性的专业基地。

（2）注重软件和信息服务业管理的组织体系建设。北京市为促进产业发展的体系建设，召开了全市软件和信息服务业协调工作会议，成立了由市领导牵头的协调领导小组，部署了具体工作，并召开了全市促进软件和信息服务业发展大会。从行业组织方面看，指导北京软件行业协会开展换届选举，支持北京软件行业协会成立风险投融资委员会为软件企业提供投融资服务。

（3）落实软件企业优惠政策，解决中小企业融资难问题。北京市为鼓励全市软件和信息服务业企业发展，采取了软件产品增值税返还、软件高级管理人才和技术人才的奖励政策。通过扎实严谨的工作，调动了软件企业在扩大投资、增加人员、开发新产品方面的积极性。为重点解决软件与信息服务业中小企业融资难的问题，市经济和信息化委员会与中国进出口银行北京分行签订了联合支持企业"走出去"的战略协议。与中国进出口银行等合作推进软件和信息服务业企业轻资产贷款，为部分企业提供融资贷款服务。为打造北京朝阳区为国际化信息服务业新总部区域，扩大信息服务业在区域经济中的比重，市经济和信息化委员会与朝阳区政府共同签署推进朝阳区信息服务业发展的战略合作协议，推动全市软件和信息服务业的快速发展。

（4）发挥产业联盟作用，强化"产学研用"机制。联合中关村管委会等有关部门建立了"中关村物联网产业联盟"，整合了40多家北京物联网企业资源，发展物联网应用集成的解决方案。2009年年底成立北京市3G产业联盟，加快发展3G增值服务。由自主创新企业为主的"长风软件联盟"不断扩大，截至 2012 年 4 月，企业成员已达 83 家，与客户关系不断紧密。

3. 北京软件和信息服务业发展评价与展望

相比其他地区，北京软件产业发展综合实力很强。北京最突出的是人才基础优势和具有先进软件技术的第一发布平台。北京聚集了全国最多的软件精英和科研机构，人才竞争力居全国之首。北京有中关村软件园、北航科技园、北工大软件园和中软软件园等基地，并拥有远远超过其他城市的著名高等学府，是软件公司总部及主要核心研发力量的所在地。各大外企、跨国公司研发机构众多和丰富的技术信息，使其处于国内软件技术发展的前沿，由此还带动了软件业培训与咨询的发展。

北京的重点软件企业发展稳健。强势软件企业通过与世界顶级公司合作进入国际市场，例如中软、神州数码等软件企业与微软结成全球战略合作伙伴，在软件外包方面实现了深入合作。同时，北京推出一批具有核心竞争力的新产品，如神州数码公司的税务信息系统和银行国际化业务核心系统、亚信公司的电信业务管理系统和 IT 服务等。而且，具有自主知识产权的软件产品出口正在成为新的增长点，如方正排版处理系统、用友的企业管理软件等。当然北京软件企业同时存在劣势。这主要表现在：商业运作成本（如人员工资、房租、交通出行等）相对较高、服务意识不强、政府干预较多、生活成本高、气候条件较差、生产要素流动不畅、软件人才一般只集中在北京，向周边省市（如天津、河北、山西）的流动和服务欠活跃。

未来的北京是信息化的城市、是高科技的城市，北京市未来的软件产业应当是系统化、全面化、快速化和专业化的产业。以下几个方面将是北京市未来的主要软件产业发展方向：一是工业全面信息化革命。信息化是工业化的延伸和放大，北京市的工业发展方向正好是高科技化，北京市的工业需要进行一次再革命。全面信息化将大比例提升工业生产的技术含量、大大加快工业生产率、大幅度提高工业产值的信息化附加值、大规模提高城市工业和软件产业的 GDP 产值。二是服务业全面信息化革命。作为中国第一大科研、教育、信息、文化城市，北京市的服务业信息化范围更加广阔和深入。服务业的全面信息化将大量开拓空白市场，可以更好地适应大型城市现代化建设，促进大规模城乡一体化的发展，更好地为环渤海城市圈服务，更好地支持国家的新农村建设战略。三是全面发展应用软件。作为结合技术和需求综合性产品，应用软件的种类、数量、产值将大大超过专业软件的产值。专业软件只有形成了应用软件，才能通过社会采购接口,进入社会应用领域。北京市的应用软件发展应该充分开放、全面促进,形成软件服务全社会,全社会支持软件的状态,最终将使北京市未来的软件产业 GDP 数字获得数量级的增长。四是全面国际化。在信息革命的过程中,为了抢夺信息产业市场和利润,从美国开始,世界各国的司法界对于软件产品均采用了知识产权保护理念,规避了产品责任法的约束,导致软件产业成了一个技术垄断产业和无限泡沫产业。因此,占领软件国际市场、保护软件国内产能的最好办法就是自身彻底国际化,规避地域和主权壁垒,引入和拥有研发团队,在同一平台上开展竞争。

二、大连软件服务业发展的经验和主要做法

1. 大连软件和信息服务业的发展现状与成就

(1) 总量。由于大连产业逐渐成熟,软件园区也产生了集聚效应,销售业绩迅速提高。2013 年 1~4 月份,行业总体实现销售收入 354 亿元,同比增长 28.6%,出口 10 亿美元,同比增长 21.3%。根据大连市经信委刚发布的《大连软件与信息服务业发展报告》,2012 年,大连市软件业销售收入实现 1026 亿元;从 1998—2005 年,大连软件业用了 7 年时间完成从亿元向百亿元的跨越;从 2005—2012 年,仅用 7 年时间实现了从百亿元向千亿元跨越。1998—2012 年,大连软件业销售收入从 2 亿元增长到千亿元,出口从不足 1000 万美元增长到 35 亿美元,企业总数从 100 家增加到 1500 余家,从业人员从 3000 人发展到目前 17 万人。大连软件产业规模和集聚效应日益凸现,目前拥有人员规模超过 7000 人的企业 1 家、超过 6000 人的企业 2 家、超过 3000 人的企业 3 家、超过千人的企业 24 家,外资企业已达 400 多家,其中世界著名跨国公司 60 多家,被国家知识产权局授予全国第一个软件版权保护示范城市。大连市东软集团、华信集团、海辉集团居全国软件出口前三。

(2) 结构。大连软件业的结构与国内其他的地方不同,有点类似印度的"软件之都"班加罗尔,主要是发展软件和外包服务。目前,大连市已经形成了较完整的外包业务产业链,从事的服务外包业务既包括 ITO 业务中的编程、测试、系统设计,还包括 BPO 业务中的数据、图形处理业务,呈现出高端化态势,全市的服务外包业务从初级软件开发和业务流程管理逐渐向技术含量高、附加值高的方向扩展,如风险管理、金融分析等。

(3) 重点企业。目前东软、华信和海辉已连续几年排名中国软件出口前 3

位,今年东软集团、海辉集团跻身全球IT服务100强,亚洲新兴外包10强。在完成产业初级阶段的发展与积累之后,近年来,大连软件和信息技术创新可谓亮点频出。2011年,自主创新继续成为行业发展的当家花旦。去年,大连贝斯特公司自主研发的电子海图系统(ECS)通过中国船级社(CCS)的认证;四达公司自主研发的"飞机大部件数字化钻铆装配系统"达到国际先进水平;天维公司面向"三网融合"研发的数字高清终端播放系统已在中国网络电视台等投入使用;奥托的白车身全自动生产线、美恒的大型全息化起重机安全监控系统等一批国内领先产品的软件系统升级与完善。部分产品已打破了国外企业垄断,填补国内空白,达到国内领先、国际先进水平,为大连市装备制造业在多个领域增光添彩。

润林秋实研发的行车数据采集系统,可以对国内外几乎所有车型的行车数据实施采集,构建的汽车售后服务系统,在全国大型汽车生产商及销售商中获得好评。博涛多媒体研发的大型穹顶天幕影院视频融合及中控系统是针对球幕影院类播放环境设计的一键式多通道屏幕融合、播放管理控制及相关设备实施集中式智能控制系统,在国内首个研发成功并投入正式使用,填补了国内该领域的技术空白。在广告展览、特殊电影院线、科普娱乐等领域拥有广阔的市场空间。现代高技术研发的"轨道交通自动售检票清分(ACC)系统"通过了国家住建部科技成果评估鉴定,被认为系统功能完善,符合国家和行业相关标准,自主创新技术含量高,达到国内同类产品领先水平。在大连地铁有限公司面向全国的大连地铁工程清分管理中心(ACC)系统一期工程总承包项目招标竞标中,以技术和商务的最高分数中标。

2. 大连发展软件和信息服务业的主要做法

近十年来,大连的软件产业规模年均增长率达到68.2%,软件业已经成为大连新的支柱产业,"大连软件"也成为具有国际影响的城市品牌。正是因为软件和服务外包产业的鼎力支持,在2009年全球经济危机发生的背景下,大连的GDP仍然保持了15%的增长。

(1)坚持"官助民办",走体制机制创新之路。大连软件和服务外包产业发展伊始,就以企业为主体,创造了"官助民办"的发展模式,最大限度发挥各方积极性,实现优势互补、政企双赢。一是政府规划,企业运作软件园建设。由政府请世界知名咨询公司进行产业规划和建设规划,然后交给民营企业建设、招商和提供服务。二是政府制定鼓励政策,吸引社会资金加入软件和服务外包产业建设。采取一般性的优惠政策与一企一策相结合的扶持办法，引进了800余家企业（在国内外业界有一定影响力的企业100余家），形成了全社会参与推动产业快速发展的良好氛围。三是政府出资鼓励企业提高技术管理水平。先后支持40家软件和服务外包企业进行CMM认证，其中华信、海辉、现代高科、东软、埃森哲等11家通过CMMI5级和CMM5级评估，占全国通过这个级别企业总数的1/4。四是政府搭台，企业唱戏。连续承办7届中国国际软件和信息服务交易会，邀请日本、韩国、美国、印度、爱尔兰等国政府和著名企业来连参展，为大连乃至国内其他城市企业了解产业发展趋势、寻找合作机会提供平台。随着软件产业的发展，大连这种"官助民办"模式已输出到苏州、天津、成都等城市，取得了良好的示范效果。

（2）坚持开放式发展，走国际化之路。一是投资战略——从引进来到走出去。在引进国际大公司到大连投资的同时，积极支持本土企业到国外去进行投资，特别是兼并和收购国外软件企业。大连企业在日本投资建设了日本软件园，另外有4家大连的企业在美国、欧洲和日本收购了9家软件公司，走出去的重大意义在于提高大连市软件的国际竞争力，通过收购与兼并，不仅壮大了企业规模，而且直接控制了国外的研发团队，提高了自身的自主创新能力。二是市场战略——从外包到内包。大连软件产业起源于外包，今后大连将继续加大国际市场的开拓力度，同时也要积极开拓国内市场，国际大公司在中国软件和服务外包方面的市场份额已经越来越大，大连在过去十年已经积累了丰富的国际市场的经验，完全有能力在国内市场上占据一席之地。三是企业战略——培养中国软件的跨国企业。软件产业发展的成功经验表明，培养一批跨国企业至关重要，中国软件产业发展到今天，已经到了下决心培养一大批跨国企业的时候了。大连市委市政府近年来全力支持一批骨干企业走国际化、走跨国企业的道路，比如说东软集团率先实施的跨国经营战略，目前在海外已经有9家分公司。海辉将在2010年9月份在美国的纳斯达克上市，这是中国第一个在美国的纳斯达克上市的软件公司，这期间已经兼并了3家外国公司，大连的华信和亿达科技等公司也逐步通过股份结构的变化对外合作，走跨国经营[①]路线。

（3）坚持"以人为本"，走人才优先的产业发展之路。软件和服务外包产业是高度依赖人脑智慧的产业，人才是产业振兴和发展的关键，一是立足于自己培养。在软件园开工建设东软信息技术学院，之后又相继成立了4所软件学

---

① 经济参考报，2010.9.29

院，仅这5所专门学院目前就有在校生5万余人；大连市22所高等院校、40所职业中专也设立了IT及相关专业，在校生达1.2万人；大力鼓励社会办学、公司内部业余培训，支持企业与高校合作开展"订单式"培训，创建了国内第一所软件高级经理人学院，启动了安博（大连）实训基地建设。二是大力引进中高级人才。为解决人才瓶颈问题，在2004年出台《大连市关于吸引软件高级人才的若干规定》等一系列优惠政策，并不断完善，吸引软件中高级人才来连创业就业。连续多年到国内外城市组织软件人才巡回招聘活动，成功举办10届海外学子创业周，搭建了吸引留学人员回国的平台，近3年每年引进软件和服务外包人才近万人。当前世界经济形势低迷，是引进海外高端人才的历史上最好时机，大连制定了一系列引进人才的优惠政策，借助海外学子创业周等平台，大量引进全球优秀的高端软件人才，为软件创新发展创造良好的人才技术。

（4）坚持"提升产业标准"，走与国际接轨之路。在国内率先提出建设软件和服务外包产业信誉体系，大力加强知识产权保护、质量认证、信息安全保护，被国家版权局授予全国第一个软件版权保护示范城市；在全国率先启动了个人信息保护评价工作，制定的管理规范被批准为省地方标准，与国际专业机构实现互相认可。大连软件和服务外包产业发展伊始，就以企业为主体，创造了"官助民办"的发展模式，最大限度发挥各方积极性，实现优势互补、政企双赢。大连软件和服务外包从对日本市场起步，主要开展软件产品研发和测试、嵌入式软件研发和测试、呼叫服务、应用通信、金融保险、税收财务等服务外包业务，目前大连出口业务有70%来自日本。在巩固日本市场的同时，积极开拓欧美和发展中国家市场。2007年8月，在美国IDC公司发布的评价全球各个城市服务外包能力与潜力的全球交付指数（GDI）城市排名中，大连市名列全球第5位、中国第1位。大连市政府提出，软件和服务外包产业未来将重点发展航运物流、企业管理、政务、商务、财税、金融通信、教育、会计等有一定基础的行业软件。大力发展装备制造、汽车电子、医疗电子、钢铁等嵌入式应用软件，重点开发复合开放标准的嵌入式软件开发平台、嵌入式操作系统和应用软件。抓住目前3G、数字电视普及应用阶段，充分发挥大连市网络产业优势，积极开发和提供与人们生产、生活、学习、娱乐相关的公共领域网络信息资源，不断丰富数字化内容，加快3G、数字电视的普及应用。同时，大连将着力打造动漫画和网络游戏研发、制作、发行、教育培训及衍生产品开发等比较完整的产业链，形成东北地区动漫和网络游戏产业中心。

 **案例分析**

东软集团开拓国际市场的成功之路及其启示

自1999年科技兴贸战略实施以来，东软集团的软件出口规模迅速增长，东软集团通过一系列举措大力开拓国际市场并取得了显著的成绩。其成功的做法主要有：

（一）大力吸收国际先进技术和管理方式。

近年来，东软集团通过合资、合作、交流等方式与IBM、SUN、Motorola、Oracle等一大批跨国公司建立了国际战略联盟伙伴关系。通过合作，东软集团掌握了国际最先进的技术，也积累了丰富的产品出口与国际项目开发的经验，提升了企业自身的成熟度，创造了良好的经济效益。

（二）准确进行市场定位。

东软集团认为：日本软件市场十分巨大，仅次于美国；日本国内软件人力资源短缺、成本极高；日中文化接近，在对法律的了解、管理理念、企业文化上都较欧美更易沟通；我国东北地区，特别是大连，在对日贸易上有地缘优势，技术人员往来方便。因此，东软从发展与日本的软件外包业务入手，在开拓业务的同时，也培养锻炼出自己的队伍，为今后的发展奠定基础。

（三）辛勤培育自主知识产权品牌。

在开发具有自主知识产权的产品方面，东软集团以嵌入式软件为先导，历经10年培育，采用"虚拟制造"的方式，在螺旋CT、磁共振、彩超等医院管理软件的研制和生产上取得一系列突破，形成了7大门类近30种产品，并出口欧洲、美国、东南亚和中东。目前，东软集团拥有了国内外医院客户数千家，成为中国最优秀的数字化医院解决方案提供商。

（四）坚持技术创新。

技术创新是东软集团保持持续、稳定、快速发展的关键。东软集团尤其重视在技术创新方面的投入力度，不仅聘请了大量国内外顶尖技术人才作为学科带头人，还在北京、沈阳、长春及美国旧金山等地设立了数字医疗产品研发中心及研究院，保证东软集团在极短时间内即可开发具有国际先进水平、充分满足市场需求的产品。

（五）质量与服务并举。

东软集团一直致力于建立完善的标准化管理体系，国际贸易中的技术壁垒目前已经不再成为东软集团参与国际竞争的障碍。东软集团凭借自己强大的科技优势，将服务与科技有机地结合起来，创出了自己独特的科技服务之路，从根本上解决了用户的后顾之忧，赢得了众多客户和合作伙伴的信赖和支持。

东软集团开拓国际市场的成功经验，对政府部门帮助软件企业做大做强、参与国际竞争提供了有益的启示：第一，鼓励国内软件企业之间的合作以及与国际著名公司的合作。促使国内软件企业引进国际上的先进技术、管理理念与过程管理方式。第二，鼓励企业进行研发创新，鼓励软硬结合。发展具有自主知识产权的产品是软件企业的长远发展方向。第三，为了帮助企业获得国际认证，树立国际形象，应给予必要的资金和政策扶持。第四，重视软件企业的技术创新。

资料来源：中国商务部网站

3. 大连软件和信息服务业发展评价与展望

在软件和服务外包产业领域，大连已经当之无愧地成为国内同行业和国内城市群竞争中的佼佼者，并收获了颇多荣誉。大连市先后被国家各部委授予"国家软件产业基地""国家软件出口基地""中国服务外包示范城市""国家软件版权保护示范城市""信息服务外包行业个人信息保护试点城市"等称号，软件和信息服务业已成为大连的名片，国内外认知度显著提升。不过我们也应当看到大连软件业虽然取得了巨大的成就，但与国际先进水平相比，还有一些不足之处。

（1）外包市场发展速度较快但规模有限。从国际比较的视角来看，2010年，中国服务外包产业收入总额为274亿美元，占全球市场的份额不到30%。而印度目前已占有全球软件外包市场总额的65%、全球服务外包市场总额的55%。从国内市场看，北京市、上海市的服务外包产业约占全国的50%以上，相比之下，大连市服务外包产业的规模还比较有限，服务外包产业仅占到全国的4.3%。

（2）软件外包企业规模偏小，竞争力不强。大连软件外包业起步较晚，规模不大，员工在50人以下的小企业占据了很大的一部分，1000人以上的软件企业仅有几家，而印度前10家软件及服务企业的员工规模多在1万人以上，能够承接欧美较大的核心外包业务。同时，就软件企业国际竞争力而言，与印度相比，大连市存在较大差距。

（3）服务外包出口市场过于集中。从国际服务外包的主体来看，发包方主要是美国、日本和欧盟国家的跨国公司与国际机构，其中，美国约占 2/3，日本和欧盟占 1/3。外包接包市场主要是印度、爱尔兰等国家。其中，美国市场主要以印度为主，而欧洲市场则被爱尔兰垄断。就市场划分而言，日本目前仍然是中国最主要的目标市场。总体而言，国内软件外包企业进入欧美市场尚处于起步阶段。因历史、文化、地缘等原因，大连市的外包企业承接了日本 80% 的服务外包业务。考虑到日本在全球服务外包市场中的份额有限，大连市的服务外包企业开始走多元化道路，积极开辟美欧市场，但在短期内服务外包市场高度集中的局面不会发生根本性变化。

（4）跨国公司在服务外包高端市场中居主导地位。跨国公司凭借自身的优势，成为国内包括东北地区在内的服务外包的主要力量。作为新一轮全球产业转移和服务外包模式的主体，跨国公司既是最大的潜在服务外包市场，又是最具竞争力的外包服务提供商。目前技术水平高、合同金额大、合作期限长、合作关系稳定的中高端外包业务基本发生在跨国公司之间。比如，IBM 向百安居（中国）提供 SAP 应用管理外包服务、宝洁公司把 5 亿美元的人力资源 BPO 外包给 IBM 等。大连市的服务外包企业在规模和技术水平上都无法与大型跨国公司相比，所以只能在中低端市场上谋求发展。

总的来说，最近几年大连软件产业总体产业运行状况良好，离岸外包业务增长较快，大企业人员规模增长量较大，中高端人才依旧短缺，企业的经营成本压力加大，企业的技术创新活跃程度提升，在工业软件、云计算、物联网、移动互联、三网融合等领域的项目研发及市场推广成效明显，涌现了一批在国内业界具有竞争优势和具有自主知识产权的软件产品和企业。基于希望与问题并存的现状，大连软件和服务外包产业未来的成长性也正蕴含其中。大连市已经提出发展计划，在未来十年，扶持软件产业取代石油化工产业和装备制造业，成为大连市第一大支柱产业。大约在 2017—2018 年，成为全球软件和服务外包的新领军城市，争取与一些先进城市比翼齐飞，再过一段时间有可能超过它们。世界软件服务外包转移的趋势是从发达国家向发展中国家转移，随着印度成本的提高加上投资环境硬件无法继续改善，自然会进一步向中国转移，如果大连能够克服目前的困难，特别是人才不足的问题，努力改善投资环境，确实很有可能取代班加罗尔成为世界第一软件外包服务中心。

三、上海软件服务业发展的经验和主要做法

1. 上海软件和信息服务业的发展现状与成就。

（1）总量。2011年上海市共实现软件业务收入1438亿元，同比提升了31.1%。其中以张江园区为代表的嵌入式系统软件收入增速明显，2011年同比增速高达100%；数据处理和运营服务也在全国一片大好的形势下发展迅猛，增速高于上海市软件行业发展平均水平。软件产品、系统集成与信息技术咨询服务等发展速度低于上海市平均水平，表现出上海市软件企业逐步向产业链价值高端攀升的发展趋势。

表6-1 2011年上海市软件产业主要经济指标完成情况

（单位：万元，%）

项目	本期累计	同比
软件业务收入	14381600	31.1
软件产品收入	4584000	24.1
信息系统集成收入	3214600	20.4
信息技术咨询服务收入	1368000	29.9
数据处理和运营服务收入	2735000	38.2
嵌入式系统软件收入	1000000	100
IC设计收入	1480000	38.3

资料来源：工信部《2012年软件产业主要经济指标完成情况快报》

（2）结构。2011年上海市软件行业中依然以软件产品和系统集成为重点细分行业，嵌入式软件占比比较小。但就目前发展趋势而言，张江园区已经成为上海市软件行业发展的重要增长极，其逐步发展起来的"嵌入式软件+软件服务化"的发展模式市场前景看好，带动了上海市嵌入式软件及数据处理和运营服务的快速发展，预计这两个细分行业未来在上海市软件行业中的市场份额将会不断地提升。

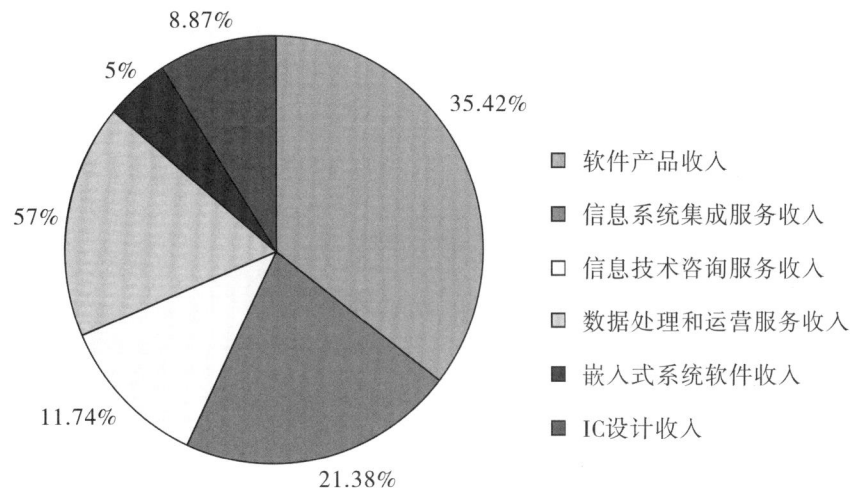

图 6-1 2012 年上海软件业务收入结构

资料来源：工信部《2012 年软件产业主要经济指标完成情况快报》

（3）重点企业。2012 年上海经营收入超亿元软件企业 248 家，超千人软件企业 35 家，超过万人的 1 家。在工信部公布的"2012 年中国软件业务收入前 100 家企业名单"中，上海有中国银联、报信软件、贝尔软件、微创软件、卡斯柯、万达信息 6 家企业。上海拥有大量经认定的自主知识产权软件产品，其中包括一批领先全国、跻身国际水准的应用型软件品牌：新华控制的电力系统软件、博达的路由器产品、展讯的第三代移动通信解决方案、宝信的钢铁领域管理软件、复旦光华的安全审计软件、纵横公司的公安人口管理系统、海鼎的商业 POS 系统、思普的产品数据库、华腾的邮政系统支付软件。

表 6-2 截至 2012 年上海 45 家已上市软件企业名单

序号	公司名称	上市地点	序号	公司名称	上市地点
1	方正科技	上海证交所	24	盛大游戏	美国纳斯达克
2	复旦复华	上海证交所	25	中房信	美国纳斯达克
3	宝信软件	上海证交所	26	网宿科技	深圳创业板
4	华东电脑	上海证交所	27	东方财富	深圳创业板
5	乾隆科技	香港联交所	28	华平股份	深圳创业板
6	复旦微电子	香港创业板	29	中海科技	深圳中小板

（续表）

序号	公司名称	上市地点	序号	公司名称	上市地点
7	交大慧谷	香港创业板	30	联通网络（借壳）	美国纳斯达克
8	携程网	美国纳斯达克	31	麦考林	美国纳斯达克
9	掌上灵通	美国纳斯达克	32	锐迪科	美国纳斯达克
10	盛大网络	美国纳斯达克	33	万达信息	深圳创业板
11	前程无忧	美国纳斯达克	34	大智慧	上海证交所
12	第九城市	美国纳斯达克	35	汉得信息	深圳创业板
13	龙旗控股	新加坡主板	36	世纪佳缘	美国纳斯达克
14	晨讯科技	香港联交所	37	科大智能	深圳创业板
15	分众传媒	美国纳斯达克	38	上海钢联	深圳创业板
16	百度	美国纳斯达克	39	淘米网	美国纽交所
17	橡果国际	美国纽交所	40	天玑科技	深圳创业板
18	腾讯通信	美国纳斯达克	41	土豆网	美国纳斯达克
19	易居中国	美国纽交所	42	卫宁软件	深圳创业板
20	巨人网络	美国纽交所	43	百视通（借壳）	上海证交所
21	延华智能	深圳中小板	44	安科瑞	深圳创业板
22	海得控制	深圳中小板	45	华虹计通	深圳创业板
23	海隆软件	深圳中小板			

资料来源：作者整理

中国银联处于我国银行卡产业的核心和枢纽地位，对我国银行卡产业发展发挥着基础性作用。中国银联创建了银行卡自主品牌；推动银行卡的创新发展和应用；维护银行卡受理市场秩序，防范银行卡风险。2003年8月，中国银联正式推出了具有自主知识产权，符合统一业务规范和技术标准的高品质、国际化的自主品牌银行卡——银联卡。随着银联卡的普及应用，银联品牌在我国民众中的知名度日益提高。根据国际权威调查机构 A. C. 尼尔森的调查显示，银联品牌在国内的认知度高达100%，持续领跑中国银行卡市场。截至目前，银联卡受理网络已经延伸至境外140多个国家和地区。微创软件率先通过了 ISO 9001：2000、ISO 27001、CMMI 4 以及 COPC、6-Sigma 等多项国际权威机构的认证，拥有4000名经验丰富的技术专家。目前，微创软件在全球共设有12个运营中心，交付网络涵盖亚洲（中国、日本和中国香港地区）、北美以及欧洲（瑞典、英国）等国家和地区。

2．上海发展软件和信息服务业的主要做法

上海按照创新驱动、转型发展的总体部署，以创建"中国软件名城"为契机，以建设上海"智慧城市"为突破口，重点依靠技术创新、突破关键核心技术促进上海软件服务业发展，全力延伸产业链，提升产品与服务的附加价值，加大市场创新提升国内外需求层级，力争把上海打造成为全国领先、亚太一流、全球著名的高端、新型、总部型软件产业中心城市。

（1）聚焦重点项目，加大支持力度。将工业软件列入"上海市国民经济和社会信息化'十二五'规划"重点支持发展领域，结合高新技术产业化专项工作，优先落实工业软件项目；在软件和集成电路产业发展专项资金中设立振兴工业软件专项，鼓励并重点支持工业软件的开发方与应用方结成共同体，开展联合技术攻关、标准制定，开展相关人才培训、应用示范等工作。

（2）完善配套政策，加强组织协调。鼓励对工业软件成果进行软件产品登记，登记后享受相关税收优惠政策；鼓励工业企业的软件开发部门从原企业剥离，转向专业化方向发展，不仅服务于自己的母公司，还服务于行业用户。

（3）建立支持工业软件发展的市、区两级联动机制，发挥骨干企业、服务机构、协会的作用，积极开展供需交流、专业服务和技术攻关等工作，营造以政府引导、企业为主、市场化运作的协调推进机制。

（4）推动产业联盟，深化行业标准。推动组建资源共享、优势互补的产业联盟，围绕产业重点，开展工业软件规范标准研究、技术攻关和产业化推广。在工业软件开发、系统集成、产品定型等方面迅速形成优势，深化工业软件技术内涵，提升应用服务能级。

（5）鼓励技术创新，注重知识产权。以企业为主体，推进产学研用合作，鼓励企业形成与重点产业发展相结合的研发创新机制，重点在设计研发数字化、制造装备智能化、生产过程自动化、经营管理网络化、工业软件开发与行业应用标准等方面，开展共性关键技术研发。营造企业知识产权保护的环境，鼓励企业进行工业软件著作权（产品）登记、商标注册、品牌推广和专利申请。

（6）强化人才培训，构筑人才高地。以骨干企业为重点，培养一批具有战略思维的复合型人才和熟练的工业软件开发与应用人员,形成结构合理的工业软件开发、应用人才梯队,切实推进工业化与信息化融合发展。

(7) 加强基地建设,完善专业服务。依托区县和骨干企业,重点建设一批具有行业特色的工业软件产业基地,加强产业基地的公共服务平台建设,加快受理认定一批以工业软件开发、验证测试、产业融合孵化为基本内容的公共服务平台,重点支持产业基地内的工业软件企业发展,并吸引国内外企业落户。

(8) 树立应用示范,推进合作交流。围绕产业发展重点,开展工业软件应用示范,做好重点项目的组织落实、跟踪管理、示范推荐,开展工业软件的技术交流活动,展示国内外在技术、产品、理念等方面的先进成果与发展趋势,定期评选表彰成功案例、优秀产品、有突出贡献的项目团队和先进个人,形成以工业软件开发应用为核心载体的社会示范带动效应。

3. 上海软件和信息服务业发展评价与展望

上海作为全国最大的经济中心,经济辐射功能强大,拥有得天独厚的科技资源和综合配套能力。上海在资本、区位、秩序、教育等方面颇具竞争力,加之政府采取优惠措施及行业协会的努力,管理相对规范,软件业呈现出强劲发展的态势,某些重要指标有超越北京、广东之势。上海的中间件工具软件具有一定优势。其应用软件以传统管理类软件居多。其中,行业管理软件占全国1/3。

当然,上海软件业也具有不利因素。其技术性公司偏少、商业性公司过多、房价和生活成本过高,这导致软件企业盈利能力下降。

展望未来,按照创新驱动、转型发展的总体部署,以创建"中国软件名城"为契机,以建设上海"智慧城市"为突破口,重点依靠技术创新、突破关键核心技术促进上海软件服务业发展,全力延伸产业链,提升产品与服务的附加价值,加大市场创新提升国内外需求层级,力争把上海打造成为全国领先、亚太一流、全球著名的高端、新型、总部型软件产业中心城市。上海软件和信息服务业到2015年预计经营收入达到6000亿元,2020年前突破1万亿元。一是打造百亿级名企。通过奖励经营收入首次突破一定规模软件企业、认定市级重点软件企业、鼓励企业上市融资和兼并重组、加大招商引资等打造3~5家经营收入超百亿企业。二是塑造名人。通过行业领军人才引进、"绿色通道"人才落户、设计人员奖励、高校企业联合培养人才等,形成支撑产业发展的60万从业人员。三是培育名品。通过做大重点软件企业品牌、扶持新兴产业、向服务化和平台化转型，形成一批有影响力的行业专精特新优势品牌。四是建设名园。通过现有国家级和市级软件园园区扩围、跨区联动、品牌输出、转型发展等方式，不断扩大园区物理空间，形成全市错位发展格局，同时结合产城融合和工业区转型升级等发展新的产业空间，新增200万平方米产业园，建设30个特色鲜明的信息服务业基地。

四、成都软件服务业发展的经验和主要做法

1. 成都软件和信息服务业的发展现状与成就

（1）总量。近年来，成都软件和信息服务业以年均40%以上的复合增长率快速发展，超过同期全国平均水平。2010年，成都软件和信息技术服务业主营业务收入1002亿元，2011年达到1309亿元。2011年，全市软件业务收入达到1000亿元，占全国的比重超过5%，在全国副省级城市中列第三位。软件业务出口超过7亿美元。全市累计认证软件企业948家，CMM/CMMI三级及以上认证企业73家，信息系统集成资质证企业137家，通过ISO 20000认证（有效期内）的企业5家；通过ISO 27001认证（有效期内）的企业18家。主营业务收入超过亿元的企业近120家，软件业务收入过亿元的企业近90家，国内上市软件企业5家，涉软上市企业19家。国家规划布局内重点软件企业7家，国家火炬计划骨干软件企业6家，全国服务外包20强企业2家。成都软件服务业从业人员总数超过20万人，占全国的比重超过5%，是软件人才高度集聚的中心城市。2012年，全市累计认证软件企业113家，累计登记软件产品479个，软件企业和软件产品分别占全省总数的91.7%和97.5%，从业人员规模约23万人。2012年，成都市软件业务收入1272.9亿元，同比增长27.1%，占西部地区软件业务收入的47.7%，居中西部之首。

成都已建成以光缆为主，卫星、数字微波等为辅的传输骨干网、宽带IP网和综合业务信息网，基本实现交换程控化、传输数字化、网络智能化，形成了较为完备的传输交换、存储计算以及运营服务体系，信息通信基础设施的建设发展水平居中西部城市前列。其中，成都互联网机房面积超过7.5万平方米、机架承载能力超过1万架，数据存储容量达到100PB级，居西部第一。成都行业应用软件在社保、金融、空管、通信、军工等细分领域具有较大的市场份额和较强的竞争力。信息安全产业规模仅次于北京，位列全国第二。数字新媒体领域聚集近200家企业，2011年实现营业收入75亿元，其中，游戏动漫产业

占全国市场比重达到 7.4%，是全国数字游戏产业的五大聚集区之一。服务外包领域登记企业 330 家，离岸外包业务收入超过 1000 万美元的企业 6 家，2010 年服务外包业务收入 250 亿元人民币，在全国 21 个服务外包示范城市中排位第 13，列西部示范城市之首。2011 年服务外包业务收入 320 亿元。在 Global Service Media 全球外包新兴城市 50 强排名中，成都列第 25 位。基于软件与系统集成，物联网产业初步形成 RFID、视频识别、传感器与网络三大集群，7 家企业获得国家物联网发展专项资金支持，部分物联网技术和产品已具有同行业国内领先水平，2011 年成都物联网产业主营业务收入达 310 亿元。成都电子商务企业超过 7000 家，2011 年电子商务交易额突破 2000 亿元，中小企业电子商务应用普及率达到 40%，大型企业电子商务应用普及率达到 50%，基于中国银联手机支付平台的成都本地用户超过 100 万户，移动电子商务交易额超过 2.5 亿元。2011 年 11 月，成都被国家发改委、商务部等八部委联合批准为"国家电子商务示范城市"。成都云计算中心计算能力达到 200 万亿次/秒，为 20 余项信息系统、6000 余项科研项目提供计算服务，在国内首创商用云计算服务的"成都模式"。

（2）结构。目前，成都市已形成了"一个核心区、两条产业带"的产业格局。一个核心区，即以成都高新区为核心区域，辐射武侯、金牛和锦江的软件产业主体发展区。两条产业带，即以成都高新区为主要聚集区，连接武侯、青羊、金牛和都江堰的软件和信息技术服务产业带；以锦江区红星路连接武侯科技一条街及音乐街区的数字创意及信息服务产业带。成都行业应用软件业主要分为信息安全、社保、金融、空管、通信、军工等六大领域。

目前成都软件业发展结构有如下变化：一是重点领域快速推进。成都电子信息产业正在向高技术、高品质、高附加值方向发展，产业结构进一步向专业化、规模化、集成化方向转变。在软件及信息服务业、集成电路、信息安全、光通信、军事电子、电子元器件及信息材料等领域形成了一定特色和优势，具备了快速发展的基础和潜力。二是软件业占电子信息产业的比重逐步加大。应用软件、信息服务外包、信息安全、数字娱乐、IC 设计、嵌入式软件和实用性软件人才培养等重点领域实现了同步增长，整体推进。软件业销售收入占电子信息产业销售收入的比例逐年上升，到 2007 年达到 42.06%。软件产业总收入中软件产品所占比重有所下降，软件服务比重不断上升，软件服务的增速超过软件产品增速。

（3）重点企业。成都相比国内其他软件产业基地来说，最大的优势就是自主创新能力比较强,这主要是依托强大的人才储备。在成都本土成长、擅长银行业务流程外包的成都三泰电子,正积极向金融整体业务流程外包、知识外包转型,将为银行提供咨询,提供整体解决方案,往高端服务走,产生更高的附加值。巅峰软件,其70%以上的业务来自欧美,正从传统的软件外包向"创新外包"转型。

正是拥有研发优势和人才,成都也被国际IT巨头寄予厚望。无论戴尔、富士康,还是联想,IT企业西进成都,都不是以单一的产能转移为核心,而是将成都纳入其生产、研发、销售的全球产业链之中,进行高端整合。国内大企业也对成都非常重视,成都移动规模和运营能力列西部地区第一、全国省会城市第二、副省级城市第三;成都电信是中国电信集团全国八个大区中心和三大云计算基地之一,网络出口带宽和运营能力居中西部第一;成都是联通集团在南方的重要战略城市,成都联通将扩建为联通西部运营基地。

2. 成都发展软件和信息服务业的主要做法

近年来,成都软件产业每年都以超过30%的速度在增长,2009年成都市软件业主营业务收入628亿元,同比增长47.1%。成都高新区成为全市软件产业的核心园区,软件产业不仅引领着成都高新区的走势和方向,还融入到了成都市对城市未来的规划与建设中。"软件产业城,城市新中心"的定位,正为产业发展造一座未来之城。成都高新区刚刚出台了做大做强软件产业的六大措施,和国家的"新政"("新18号文")遥相呼应。

(1) 实施培育大企业的发展战略。选择一批规模效益好、自主创新能力强、管理技术水平高、产品优势明显、市场潜力大的本土软件企业,集中市场、技术和资金等资源对其重点扶持。积极扶持引导中小软件企业走专业化发展道路,培育自主创新能力,引导和鼓励一批中小软件企业实施调整、联合、并购和重组,实现聚集发展,着力培育大型软件企业集团。瞄准全球软件知名公司和世界500强企业,加大产业招商力度,引进一批国际知名企业,支持其实现本土化,鼓励其与本地企业合作。大力发展软件外包和BPO(业务流程外包)业务,集中资金、市场资源,通过外引内培,加速打造国内领先、国际知名的软件外包龙头企业,构建面向欧美、日韩市场的软件外包集群。建立完善软件外包业务平台,扩大软件外包业务承接规模,打造国家级服务外包和软件出口基地。加强国际业务联系和合作,利用"软洽会""电脑节"等国际性会展,开展海外项目招引及市场开拓、宣传推荐等活动,增强成都在全球软件外包市场的影响力。

（2）构建软件人才保障体系。采取政策导向、环境营造和校企联合等措施，充分调动在蓉高校、国家级示范软件学院和科研院所的积极性，扩大软件专业办学规模，加速培养中级、高级软件人才。采取积极的扶持政策，鼓励发展软件职业教育，以成都大学和成都东软信息技术职业学院为载体，建设实用性软件学院；依托成都职业技术学院，创新体制机制，建立成都国际软件职业技术学院，打造软件职业技能、职业道德教育和仿真性实训平台；支持天府软件职业教育联盟，进一步整合国际、国内软件职业教育资源，壮大联盟规模和实力；大力发展职业教育，大规模培养基于专业认证、满足企业需求的定向的实用性软件人才。进一步优化区域人才环境，加大对软件企业聘请国际化高层人才的资金补贴力度，鼓励在大中型软件企业建立博士后工作站，吸引具有自主创新能力的国际国内软件高级人才。推行软件职业资格制度，打破学历、资历限制，建立以业绩为取向、以创新为重点的软件专业人才考评方式，加快建立培养、储备、推荐与使用相结合的人才新机制。鼓励软件企业推进软件研发的工程化、过程标准化改造和内部专业化分工，实现高级、中级、低级软件人才的科学配置和结构优化。

（3）拓展信息化应用市场。全面实施城乡一体化信息服务体系建设，开展信息宽带进村入户工程，形成城乡宽带内容融合应用基础条件；开展信息服务延伸工程，推动信息应用普遍服务，拓展消费需求；开展信息资源共享工程，推动资源深度开发利用，拓展信息应用需求；开展信息技术改造工程，鼓励技术创新，提高工业、能源、交通、旅游和农业等行业及龙头企业信息化水平，拓展本地软件产业发展的市场空间。大力实施软件产品的标准化和品牌战略，打造天府软件品牌，强化软件业的集成创新和引进消化吸收再创新，鼓励原始创新的产业化，壮大具有自主知识产权的软件产品体系，形成一批区域品牌、国家品牌和国际品牌。

（4）强化知识产权保护和软件业诚信体系建设。以创建国家知识产权示范城市为契机，推进软件产业发展环境建设，切实加大知识产权保护力度。严厉打击软件侵权盗版行为，进一步规范软件市场秩序。广泛、深入开展软件知识产权法律法规宣传培训，提高公众和软件企业知识产权保护意识。完善计算机软件版权登记制度，鼓励软件企业对拥有自主知识产权的软件产品进行版权登记，探索建立软件版权保护的长效机制。建立完善软件业诚信体系，构建软件行业自律公约制度、软件从业人员准入制度、软件企业诚信登记备案制度和行业诚信数据库,强化软件从业人员职业道德,规范软件从业人员的职业行为,促进企业诚信经营及员工诚信自律,规范市场秩序,形成"政府引导、行业自律、社会监督"的诚信环境机制。

(5) 加强软件产业投融资体系建设。完善以民间资本为主、政府引导扶持的多元化、多渠道投融资体制。逐步建立软件产业风险投资机制,积极培育软件产业风险投资主体,设立风险投资专项资金,鼓励对软件产业的风险投资。加强与国际创业投资基金合作,大力引进风险投资公司,组建专业联盟,建立完善软件产业专业风险投融资市场。积极创造条件,优先支持重点软件企业在国内外上市融资。积极向各类金融机构推荐大连市优秀软件企业,鼓励金融机构创新信贷方式,支持有市场前景的核心技术实现产业化。

(6) 加强软件产业政策扶持。创造良好的软件产业发展环境,加强信息系统招投标行政监督,营造公正、透明、规范的投资环境。加强软件评测、企业认证、资质认证、企业咨询、信息系统监理等中介机构的建设和管理,为软件企业发展提供市场信息和服务支持。支持软件人员以技术专利和科技成果作价入股。加大政府调控力度,充分运用市场配置资源的机制,以市场换技术、换投资。制定政府采购软件产品目录和标准,按同等优先原则,采购使用本地及国产优秀软件产品。加大软件产业资金扶持力度,市级财政逐年加大对软件产业发展的资金投入,市信息办、市科技局、市经委等部门应从市级财政资金安排的产业资金、科技三项费、成都市工业重大产业化项目发展资金等专项资金中增加扶持软件产业发展的资金。成都高新区及软件产业重点发展区(市)县应多渠道筹集资金,加大对软件产业的投入,用于软件产业环境建设、共性公共平台打造,以及市场推介、产品推广、人才培养、专项招商、软件外包、国际资质认证、创新体系构建和大企业、大集团培育等。对进入重点软件产业园区、人员达到一定规模的大型软件企业,在一定时期内给予政策优惠;对年经营收入达到一定规模的大型软件企业,除享受国家有关规定的政策优惠外,给予产业化项目资金支持;对选择认可的实施CMM/CMMI资质认证的企业,给予一定比例认证费用补贴。研究制定具体措施,对软件企业进行政策性资金扶持。

3. 成都软件和信息服务业发展评价与展望

由于采取了正确的政策加上当地的先天优势,成都市软件和信息技术服务业企业呈现出规模化、高端化发展特征,认证企业数量、从业人员持续增加。

成都在信息安全、数字新媒体、软件服务外包、IC设计、物联网、云计算、电子商务、移动互联网等领域内具有较大的市场份额和较强的竞争力，将在大数据、信息安全、软件服务外包、移动互联网等领域实现新的突破。①形成了完整的电子信息产业体系优势。成都电子信息产业体系比较齐全，重点发展领域覆盖面广，形成了电子材料及元器件—集成电路—网络通信设备—信息安全—数字娱乐—系统集成服务—信息服务外包—互联网增值服务—IT人才实训和人力资源服务等比较完整的产业链条。②形成了区域竞争力的产业创新优势。成都电子信息产业增幅位居国内前列，电子信息制造业研发经费占销售收入比重位列国内电子信息产业代表城市首位；申请专利数量、新产品销售收入等在中西部地区优势突出；从业人数在中西部居首位，人力资源成本低于全国平均水平；成都电子信息产业基础设施较为完善，与东部发达城市相比差距较小，与周边城市相比优势明显。③形成了集群发展的产业聚集优势。目前成都电子信息制造业、软件及信息服务业专业化程度较高，在集聚规模上具有一定的比较优势。成都电子信息产业已形成较为完整的产业体系，在国家重点支持发展的集成电路、电子器件、基础软件上具有较好的发展基础和优势，具备了较强的产业竞争力和产业聚集优势。

成都软件和信息技术服务业在取得巨大成就的同时，也存在着自身的劣势。①产业规模优势尚未形成。电子信息产业总体规模相对偏小，产业的规模效应明显不足。缺乏重大产业项目支撑，与发达地区相比差距明显，缺乏国际竞争力，很多领域还没有形成良好的商业模式或完整的产业链，市场化程度不高，在国际、国内的影响力有限。②缺乏带动产业的龙头企业。与发达地区相比，成都电子信息产业企业缺乏具有带动作用的大企业和优势企业，缺少知名品牌，产业链还存在许多缺失环节，行业整体效益不高。到2007年年末，成都仅有一家企业进入全国电子信息企业百强，没有企业进入全国软件企业百强名单。③产业发展互动效应不足。传统产业与电子信息产业互动性弱，未形成明显的相互促进作用。信息化与电子信息产业的互动发展有待深化，信息化的推进没有成为电子信息产业聚集发展的需求和市场基础，电子信息产业的发展也还不能够为信息化推进提供足够的产品和服务保障。

在下一阶段的发展中，成都高度重视服务外包工作，将承接服务外包定位于本市的一个重要产业来抓，提出了创建世界办公室中国园区（成都）的战略构想。据《2012成都市软件产业报告》显示，未来成都市将加紧在大数据产业、信息安全、软件和服务外包、物联网、云计算、电子商务、移动互联网等领域的布局，实现新一轮的产业大发展。展望未来，成都提出了"五化"发展蓝图：①IT制造业加速迈向高端化。成都IT制造环节进一步向专业化、规模化、集成化方向转变，提升其在国际IT制造产业链中的地位，增强IT硬件产品的市场竞争力和盈利能力。②软件业品牌影响力国际化。成都应不断提升品牌国际影响力，将成都打造成为全球知名的中国软件名城。③信息服务业广泛深度融合化。成都应不断推进传统制造模式信息化改造、深化信息技术的集成应用、加快信息化推进智慧城市建设、提升农业信息化水平。④发展方式绿色低碳化。成都IT产业应在推动其他产业转型升级、节能减排方面成为"绿色动力"，鼓励IT企业自身走绿色低碳之路，并将其最新的IT绿色技术、产品和服务应用到其他领域，带动成都"绿色发展"。⑤空间布局拓展优化。成都IT产业应在巩固和提升核心区域的基础上，拓展产业布局腹地，同时加强与重庆、西安分工合作，共谋IT产业发展，实现三地政府、IT企业多方共赢。为了实现"五化"，成都提出以"五结合"的发展模式来推动成都IT产业持续发展：招引外部企业与培育本土企业结合；注重龙头带动与优化产业生态结合；扩大产业规模与提升产业水平结合；巩固提升原区域与拓展布局新区域结合；改善硬条件与优化软环境结合。如果这"五结合"能够落实，成都软件业必能实现"五化"，做到及时跟踪全球IT产业发展的新动向，再上新台阶，实现与世界级IT产业中心媲美的梦想。

附录一　广东软件服务业的发展现状及趋势判断

一、广东省软件服务业的发展现状

1. 软件服务业起步早、发展快

广东软件服务业起步较早,在20多年间取得了长足的发展,已经具有一定的产业规模和自主开发能力。2001年广东省软件业务收入仅172亿元,到2010年广东省软件业务收入达到了2417.1亿元,占全国的18%,居全国第1位,较2001年增长了13倍,较2005年增长了3.2倍。广东省软件业务收入从

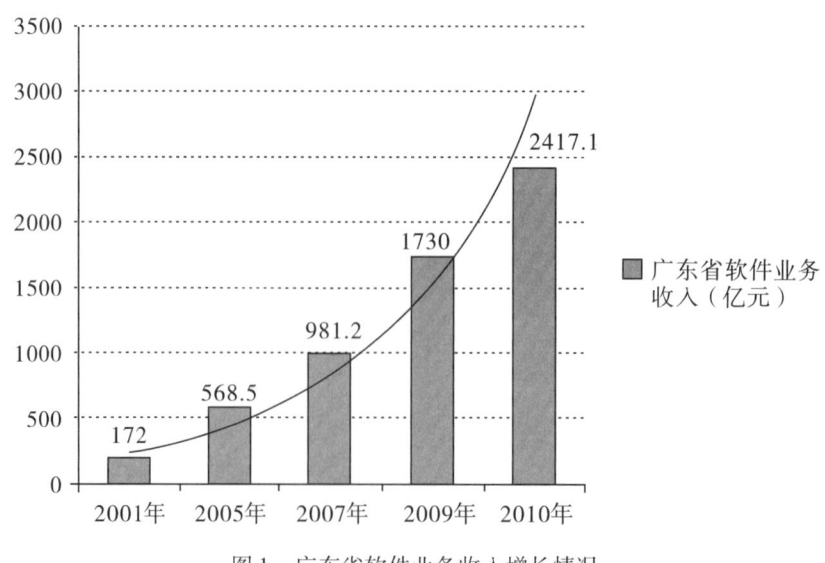

图1　广东省软件业务收入增长情况

100 亿元增长到 1000 亿元用了 7 年，从 1000 亿元发展到 2000 亿元仅用了 3 年时间。"十一五"期间软件业务收入年均增长率达到 33.5%。软件出口从 2005 年的 19.2 亿美元发展到 2010 年的 127.5 亿美元，增长了 5.6 倍，覆盖 100 多个国家和地区。

2. 软件企业竞争力显著增强

广东省软件业主要集中在以广州、深圳、珠海、东莞等为代表的信息产业和社会信息化程度较高的珠江三角洲地区，并形成了一批具有一定规模和市场竞争力的软件企业集团，如华为、金蝶、金山、腾讯等，其中华为连续两年在全国软件企业百强中位列第一名，并已跻身全球创新型企业前列。2010 年，全国软件业务收入前百家企业广东拥有 12 家，国家规划布局内重点软件企业广东拥有 33 家。广东省软件服务业企业为增强核心竞争力，扩大市场份额，不断加大研发创新投入力度，提升技术水平，带动产业发展。

 延伸阅读

广东 14 家软件企业跻身 2011 年中国软件百强

2011 年 6 月 23 日，工业和信息化部在扬州发布第 10 届中国软件业务收入前百家企业名单，广东省华为、中兴等 14 家软件企业跻身 2011 年中国软件业务收入前百家企业行列。其中，华为技术有限公司以 826.987 亿元人民币连续 10 年蝉联榜首，中兴通讯以 380.8 亿元位列第二。

此次，广东共有 14 家企业入选本届软件业务收入前百强，较上届增加了 2 家，居全国第二。14 家企业软件业务收入合计 1314.4 亿元，居全国第一，占百家企业软件业务收入总和的 42%。其中，深圳市 9 家，广州市 3 家，珠海市 2 家。从入围的百家企业规模可以看出，入围企业的软件业务收入主要集中在 5 亿~10 亿元和 10 亿~50 亿元区间内，分别占 48% 和 45%，广东省分别有 4 家和 8 家；另外，50 亿~100 亿元的企业全国有 3 家，广东省没有；超 100 亿元的企业有 4 家，华为、中兴入选，占了一半。华为、中兴、金证、金蝶 4 家企业已连续 10 年入围，海格连续 8 年入围，华为更是连续 10 年位列榜首。此次评选再次显示广东省软件产业的实力在不断增强，产业发展势头良好。

资料来源：广东省经济和信息化委员会

表1 2011年广东省跻身中国软件业务收入前百家企业行列的软件企业

序号	地市	企业名称	软件业务收入（万元）	入围年份
1	深圳市	华为技术有限公司	8269870	2002—2011
2	深圳市	中兴通讯股份有限公司	3808000	2002—2011
35	深圳市	深圳市金证科技股份有限公司	158636	2002—2011
39	深圳市	金蝶软件（中国）有限公司	139271	2002—2011
45	广州市	广州广电运通金融电子股份有限公司	112060	2008—2011
51	广州市	广州数控设备有限公司	100058	2006—2011
53	珠海市	珠海金山软件有限公司	97139	2007—2011
56	深圳市	深圳市大族激光科技股份有限公司	91342	2007—2009、2011
70	深圳市	深圳市怡化电脑有限公司	74202	2011
72	深圳市	国民技术股份有限公司	70005	2011
86	珠海市	东信和平智能卡股份有限公司	59416	2003、2005、2008—2011
93	深圳市	深圳市科陆电子科技股份有限公司	55830	2011
95	广州市	广州海格通信集团股份有限公司	55288	2004—2011
99	深圳市	深圳市紫金支点技术股份有限公司	53204	2002、2007—2011

3. 软件服务产业结构进一步优化

2010年，广东全行业完成软件产品收入561亿元，同比增长19.5%；系统集成和支持服务收入224.35亿元；信息技术增值服务收入645.5亿元。软件技术服务增势突出，全年外包服务收入307亿元，增长35%。受电子制造业下滑影响，嵌入式软件收入增长较为缓慢，全年嵌入式软件收入788亿元，同比增长11.6%；设计开发收入95.47亿元，同比增长107.6%。2010年广东软件产业收入情况表明，最大的一块是软件业务收入，占总收入的50%；其次是嵌入式系统软件收入占了16%，软件技术服务占15%，设计开发收入只占2%，但增势迅猛。

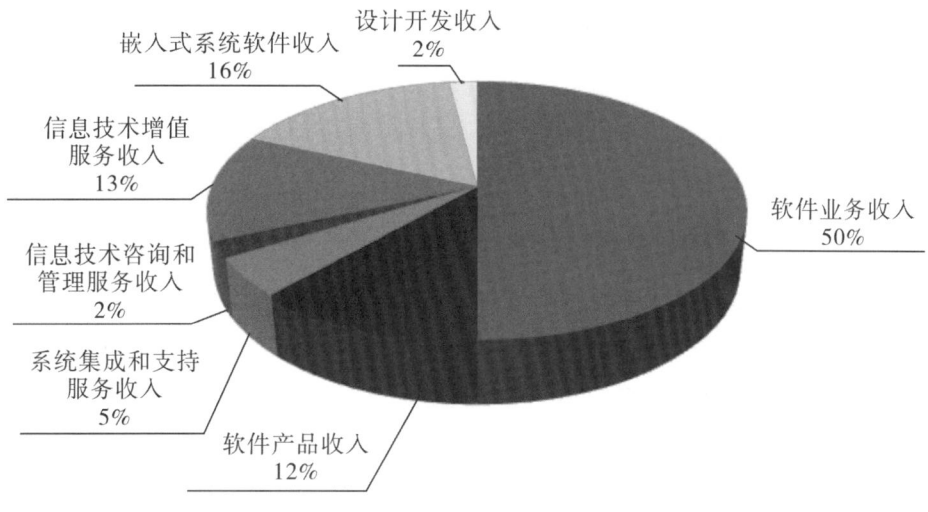

图 2　2010 年广东省软件产业收入构成情况

数据来源：国家工信部网站

4. 软件服务业区域集聚效应逐渐明显①

以广州、深圳、珠海为中心辐射区，以国家级和省级软件及信息服务业园区（基地）为重要载体的产业布局逐渐形成，促进了大型软件服务企业和高端人才的集聚，为产业的集群化、规模化发展奠定了基础。珠三角区域软件产业集聚效益日益突出，软件经济圈已经形成。2010 年，广州软件业务收入为 723.8 亿元，约占全省的 30%；深圳软件业务收入 1506.7 亿元，占全省的 62.3%；珠海软件业务收入 145.8 亿元，约占全省的 6%。

广州、深圳、珠海三地的软件业务收入约占全省的 98%，其中重要原因之一得益

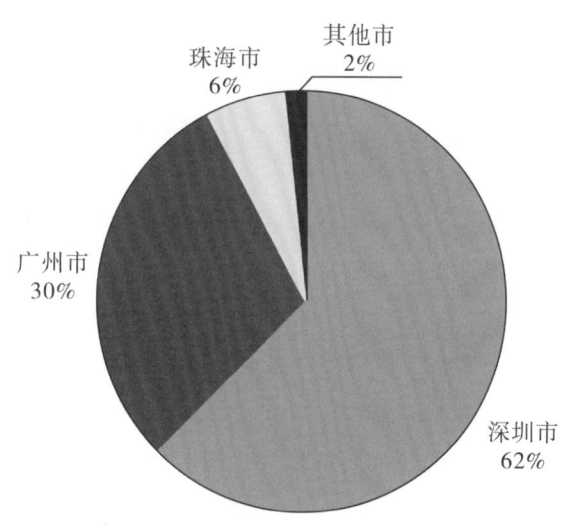

图 3　2010 年广东省各市软件业务收入情况比较

---

① 数据来源，国家工信部网站

于如广州天河软件园、深圳国家软件出口基地、珠海南方软件园等重点产业园区的大力发展。

 **案例分析**

天河软件园努力建设国家软件产业建设基地

天河软件园在国内软件产业界素有"北有中关村,南有天河软件园"的美誉。作为国家软件产业基地,天河软件园是华南地区软件企业最密集的软件产业聚集区域,在广州软件产业发展中起到了主导作用。

(1) 高端的园区定位:天河软件园的定位分为实体和虚拟软件园两大部分,实体软件园的定位是为软件产品和软件的孵化,软件技术研究和软件产品开发、生产提供良好的工作、生活场所;虚拟软件园的定位是为广州天河软件基地的企业提供产业指导、技术支持、学术和技术交流、信息服务,并为软件产品开发、销售等提供网络平台。"科技创新核心区、高端现代服务业总部区和生态型的软件社区"——高端的园区的定位更加明确突出了广州软件产业的特色。

(2) 完善的服务支撑体系:天河软件园摒弃了功能相对单一、以产业功能为主的传统的产业园区模式,依托"一核三圈层(服务中心和生活圈层、科技圈层、生境圈层)"空间结构和自身定位,打造五大产业集聚区和五个配套服务区。以软件为主导产业,促进产业区和生活区配套一体化,形成集研发、公共配套、公共平台、居住、教育、商务、休闲等功能一体化的综合性生态软件产业社区。此举对于广州加快发展软件产业,带动金融、物流、商业、教育和文化娱乐等第三产业全面升级具有重大的战略性意义。

(3) 完备的人才战略:天河软件园努力构建以博士后科研工作站为高级人才服务平台,以软件"蓝领"为基础的人才资源平台。整合社会资源,扩大人才培训渠道,先后与中山大学、华南理工大学合作成立两所软件学院,与华师合作成立广州软件动漫人才培养培训基地,与微软、印度 NIIT、Autodesk 联合举办软件(动漫)培训中心,引进 CEAC 国家计算机教育认证项目创办 IT 蓝领培训基地,与广州知名的社会培训机构结成战略联盟,共同开展人才培训工作。

目前,天河软件园全力加快全国软件园中单体园区面积最大(面积达 12.25 平方公里)的高唐新建区的总体规划和基础设施建设,中国移动南方研发基地、中国电信亚洲最大的互联网数据中心、太平洋网络公司等一批国内外知名软件企业已进驻高唐新建区。天河软件园还建成广东省 Linux 公共服务技术支持中心、广州微软技术中心和广州中间件研究中心等技术支持和研发中心，并设立 10 余家企业研发中心。园区整合周边丰富的高校和科研单位的人才资源，实施高级人才奖励政策，并在人才培训、中介服务、园区管理等方面也不断强化创新和服务，为软件企业提供了良好的支持环境，降低了软件企业的开发和经营成本。可以预见，天河软件园一定能为广州成功打造中国软件名城做出更大的贡献。

2010 年广州、深圳两市软件业务收入分别占全国的 5.4% 和 11.3%，规模总量和发展水平均居全国前列。"中国软件名城"的创建对进一步提升"广东软件"核心竞争力、打造"广东软件"整体品牌、扩大"广东软件"国际影响力具有重要的推动作用。

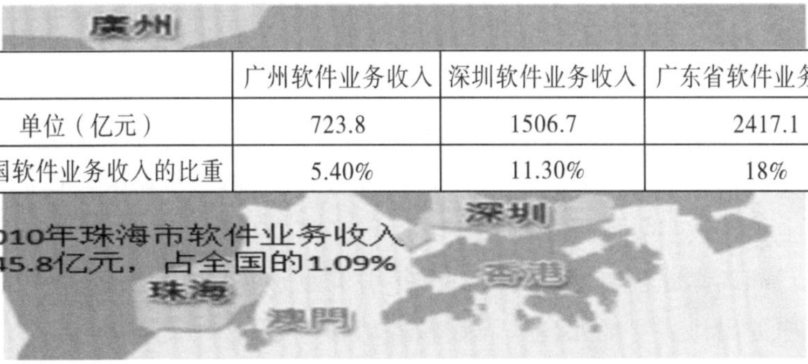

	广州软件业务收入	深圳软件业务收入	广东省软件业务收入
单位（亿元）	723.8	1506.7	2417.1
占全国软件业务收入的比重	5.40%	11.30%	18%

2010年珠海市软件业务收入 145.8亿元，占全国的1.09%

图 4　2010 年广、深两市软件业务收入占全国的比重

5. 软件行业自主创新力度不断加大

广东省软件服务业企业为增强核心竞争力，纷纷加大技术研发投入，带动产业自主创新能力不断加强，逐渐形成两化融合和转型升级的重要推手。如位于深圳的华为公司在 2010 年以 1528 件的国际专利申请量排名全球第四，凸显一定的国际竞争力；又如金蝶中间件和中望龙腾工业设计软件初步打破国外垄断，国内市场占有量不断提升；创维、魅族成功研发家电和手机嵌入式软件系统并实现产业化，有效地推动了工业信息化水平及产品附加值的提高。同时，广东还通过资金支持和政策扶持等鼓励软件企业自主建设国际一流的技术研发中心，进一步增强省内软件企业的发展后劲。

二、广东软件服务业发展的优劣势分析

1. 优势分析①

(1) 区位优势突出，发展后劲足。

广东毗邻香港和澳门两个特别行政区，且长期的对外开放已经使其融合了东西方的文化、聚集了各领域优秀的人力资源；交通便利，物流通畅，经济发达。目前越来越多的香港资讯科技企业在广东设立分公司，从事软件开发业务，约有8000多名香港软件从业者在内地工作，占香港总从业人员的12%，显示香港软件业正逐步将经验和技术向内地转移。香港有市场、管理、资金等优势，而广东则拥有较低的人力成本以及高速发展的潜力，两地合作开拓海外市场的空间很大。如能透过融合香港企业的国际视野、丰富的商业知识，和实际的项目管理经验，及国内的丰富人才资源、技术实力，和具竞争力的投资环境，进一步加强区域的合作，达到优势互补，共同拓展国际软件产品及服务与及外包市场，将有利广东软件产业的长远发展。

(2) 软件出口能力较强。

随着不断"引进来"和深入粤港澳合作，广东逐渐在国际软件市场上占据了日益重要的一席，"广东软件"出口和外包产值连续多年占据了全国首位。其软件产业已连续多年保持高速发展，随着广东省离省外包基础环境的完善，广东省出口和离岸外包快速拓展，2009年引进业务出口规模为全国第一。其中软件外包服务出口3.8亿元，嵌入式软件出口43.1亿元。2010年，广东软件出口额为127.5亿美元，约占全国软件出口总额的54%。目前，广东软件出口占据着全国的半壁江山，华为、朗科、东进等企业已在高端知识产权领域与著名跨国企业叫板。

(3) 企业盈利能力强。

2009年广东省软件服务业企业共3342家，从业人员将近44.7万，主营业务收入达3953.6亿元，软件和信息网络服务收入为3068.6亿元，实现增加值为1670.7亿元，占广东省GDP比重达4.28%，实现纳税总额289.69亿元。软件服务业的企业共3339家，主营业务收入达2733.42亿元，软件业务收入为1978.3亿元，增加值达936.9亿元，占广东省GDP比重达2.47%，利润总额

---

① 黄建宏.广东软件产业创新SWOT分析.经济论坛，2009 (6)

为 332.24 亿元，实现纳税总额 172.21 亿元，显示出较强的盈利能力[①]。

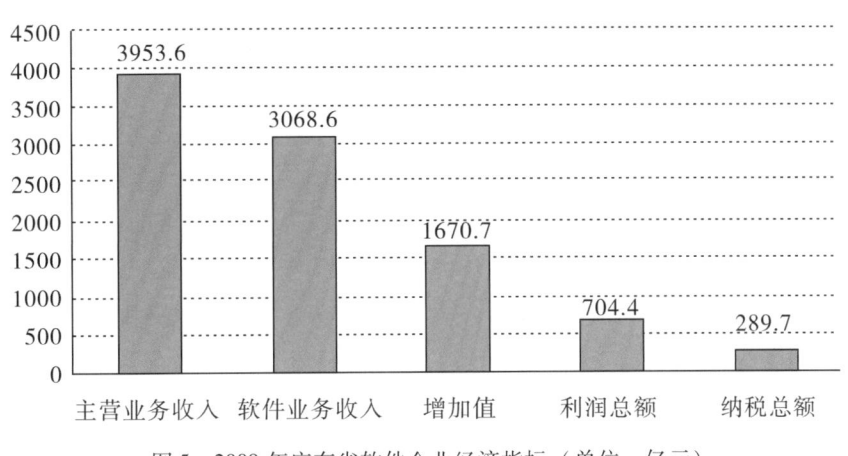

图5　2009年广东省软件企业经济指标（单位：亿元）

（4）嵌入式软件优势突出。

随着硬件和软件的日趋融合，嵌入式系统软件在制造业强劲市场拉动下快速成长。2010年，广东嵌入式软件总产值788.4亿元，约占全国的35%，位居各省市的第一位。嵌入式软件在广东通讯工业控制以及消费电子等领域得到广泛应用，软件附加值明显提升。近年来，全球消费性嵌入式应用市场持续扩张，广东作为中国嵌入式软件产业的重要组成地区，其未来几年的嵌入式软件市场将非常巨大。

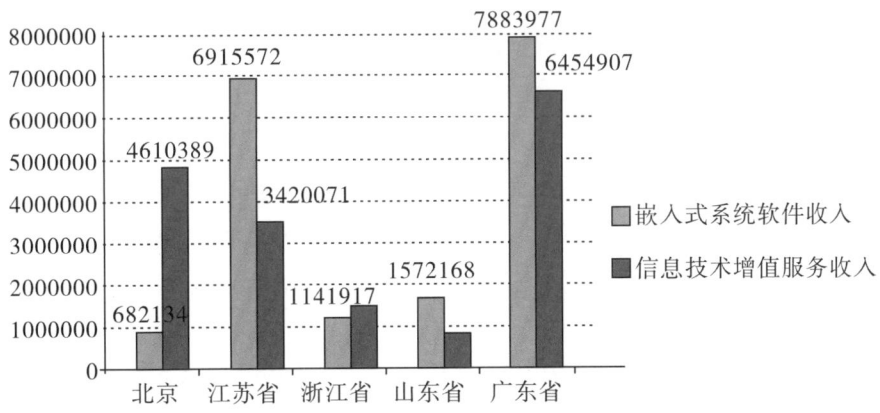

图6　2010年广东和其他省市的部分软件产业收入对比情况（单位：万元）

---

① 广东省现代信息服务业研究院．2008—2010年广东软件和信息服务业发展报告．广东软件，2010（9）

2. 劣势分析

广东的软件产业虽然取得了长足的发展，但与世界先进国家和地区相比，仍然存在许多不足。下面通过广东与印度软件业的比较，来具体分析广东软件产业的发展劣势。

（1）内需为主，出口额偏少。

广东省软件产业的出口能力在全国相对比较强，特别是这些年，广东的软件出口增长较快，影响力进一步提升。尽管如此，跟印度比较，广东软件主要还是以内需为主，出口额比例还不到总收入的1/4，而印度软件则以出口为主，出口比例接近3/4。

（2）关键核心技术过度依赖发达国家。

尽管广东省软件产业发展很快，但其起源于外源型经济发展模式，对发达国家长期的技术依赖制约了广东软件进一步的创新发展，特别是自主创新能力相对较弱。广东在软件高新技术产品创新方面的一些关键核心技术主要来源于国外或中国港澳台地区，如通用软件严重依赖进口，受发达国家技术控制，难以获得高额的产品附加值，从而制约软件产业持续的创新投入。印度在这方面做得比广东好，虽然跟美国比较，印度的软件核心技术掌握得也不够，但他们重点做软件外包或者子模块的开发，同时也有独立的嵌入式软件开发和支撑软件的开发。

（3）软件企业规模小，缺少大的龙头企业。

广东年收入上亿美元以上的软件企业较少，大部分企业规模较小，抗风险能力差，存在追求短期利益的趋向。不少企业倾向于对外引进核心技术，注重于模仿，认为这样风险较低，成本也较低，而效率相对较高，从而造成对于风险较大、研发资金较大的软件开发不敢涉及，自主创新能力严重缺乏。而印度则有年销售达几十亿美元的塔塔咨询（TCS）、印孚瑟斯（infosys）、萨蒂扬（satyam）等龙头软件企业，在全球的竞争中处于优势的地位。

（4）人才匮乏，特别是高素质的综合性软件开发管理人才严重不足。

虽然广东是全国软件人才的主要聚集地之一，但由于这些年软件产业的高速发展，人才需求出现较大的匮乏，特别是集技术与管理于一身的人才更是如此。人才结构也需要调整，目前高中低各层人才的比例不当，梯队不稳定。软件人才问题已成为制约广东软件业发展的瓶颈之一。而印度有7所理工学院承担了绝大部分高端软件人才的培养任务，为软件人才培养做出了卓越的贡献。

三、广东软件服务业的发展趋势判断

1. 广东软件服务业面临的机遇与挑战

（1）逐渐完善的产业政策环境将进一步扩大软件行业的发展空间。

《关于进一步鼓励软件产业和集成电路产业发展的若干政策》（国发〔2011〕4号文件，又称"18号文"）、2008年广东省出台的《关于加快建设现代产业体系的决定》、2010年的《珠江三角洲地区现代信息服务业发展规划（2010—2020年）》。

《广东发展高端新型电子信息产业行动的计划（2010—2012）》《广东省现代产业体系建设总体规划（2010—2015）》等一系列文件的颁布实施，为广东软件产业发展创造了良好的政策环境，极大地调动了各方面的积极性。同时，政府采取一系列措施，不断加大打击盗版软件的力度，积极推动软件正版化工作，使广东软件市场逐步走向规范。位于广州、深圳和珠海的国家软件产业基地、几大省级软件产业基地和软件出口基地产业服务平台的逐渐完善，推动了基地内软件企业技术创新能力的提高和外包业务的拓展。

（2）转型升级背景下软件服务的需求迅速增长。

随着广东加快转型升级的步伐，软件服务市场的需求将迎来快速增长的历史机遇期。这些需求体现在各个行业的信息化上，比如：分销与贸易、批发与零售、服务、医药流通、传媒五大行业，工业分销、金属贸易、外贸、综合物流、批发、购物中心、百货、科研院所、酒店、旅游、出版等子行业及其众多细分行业。软件服务的需求增长不仅体现在数量上，还体现在种类上，业务需求也将更加多元化，数据分析、云计算、智慧城市、电子商务、信息安全等领域将成为主要热点。

（3）国内外的激烈竞争对广东形成挑战。

从全球范围看，近年来许多新兴经济体纷纷加大力度发展软件服务业，不管是印度、菲律宾和东欧国家，都有软件服务外包产业的发展上升到国家战略产业，意欲依靠服务转型实现长远发展。亚太地区国家在全球接包国市场中逐渐占据成本优势，新兴接包国也在不断地涌现，这些都对即将迈出国门的广东软件企业形成了巨大的竞争压力。从国内来看，各省市在发展软件产业发展方面都做了大量努力，特别是江苏省、浙江省及北京、上海、大连等市，在软件产业政策、资金投入方面都加大力度，发展优势逐渐明显。

 **案例分析**

北京发展软件产业的创新措施及其对广东的启示

近年来,北京软件服务业始终坚持联合创新的发展战略,实现了跨越式的发展。北京主要采取了以下创新措施①。

1. 以技术创新为源泉,打造自主创新之都。在技术创新上北京紧抓产业发展与变革的趋势,在原始创新和集成创新上不断探索,突破了操作系统、数据库、办公套件的一批关键核心技术,建立了比较完善的基于开放源代码技术体系,掌握产业发展的主动权,奠定了北京自主创新之都的地位,成为中国开源软件研发中心,也正逐步成为亚洲开源软件研发中心。

2. 以产业联盟为纽带,支持企业做大做强。北京提出推广联盟牵引、强强联合、以大带小的发展理念,促进不同类型的软件企业形成专注化核心门类,企业间建立产业链和技术链;支持建立以标准为纽带的新型企业联盟,这种联盟特点有明确技术路线,有统一标准战略,有基于标准的产品配套关系,有市场化商务合作关系。

3. 以应用创新为导向,走高端产业之路。北京软件企业紧抓国家信息化的市场机遇,推动软件与信息化建设协同发展,并建立面向行业的知识库,逐渐向高端咨询服务商转型。服务外包企业为发包方提供咨询,咨询能力不断提高,走向价值链的高端服务。

北京大力发展软件服务业并取得了令人瞩目的成绩,带给广东的启示主要有:一是要通过加大投资力度、引进和培养高级软件人才、创建技术平台和服务平台等手段来增强企业的自主创新能力,并逐步占领技术制高点,以避免受制于人的被动局面;二是要积极培育大企业,这样才能增强企业的抗风险能力和盈利能力,增强企业在国际市场的竞争力;三是应坚持走高端路线以占领市场。

资料来源:王荣彬. 循产业变革规律,创新发展北京软件产业. 赛迪网,2007.6.14

2. 广东软件服务业的发展趋势

随着广东信息化、工业化、城市化进程的加快,软件越来越成为经济、社

---

① 经济日报. 北京软件产业快速崛起,2008.7.10

会发展的重要支撑，成为推动产业升级的核心，成为广东创新发展的重点，当前软件产业正在经历一场深刻的变革，这场变革中最重要的四个动向已经显现出来。

（1）软件开放标准和开源运动的兴起。

开放标准的兴起将促使软件企业与企业之间的融合，促使软件产品与软件产品的融合，催生软件产业的生态链条，在统一生态环境下的各种企业可集中优势资源打造各自的核心价值，使企业做强做大，此举将改变广东大量软件业的手工作坊的局面。而软件开源运动的兴起大大地降低了软件购买的成本，这对广东软件产业是非常难得的机遇，通过开源可以拉近与软件发达国家的距离，可以讲这个趋势是深刻影响软件产业发展的长期趋势。

（2）产品变服务将改变软件的收益模式。

产品变服务，特别通过互联网模式提供软件的服务，这是非常重要的一种趋势，现在很多软件企业把自己的软件核心能力通过网络来实现，导致软件企业的价值实现形式的变化，原来是靠卖产品，现在是靠卖服务，这个形态变化趋势是很重要的，也是这两年支撑广东软件产业企业快速发展很重要的趋势。

（3）计算平台的改变将扩展软件的空间。

现在计算平台多样化，特别以手机为代表移动终端的普及，使得软件应用平台得到拓展，计算平台的转变是软件行业这两年比较大的机会，更是广东嵌入式软件的重要机会。上述趋势将促进广东的软件企业从以产品为中心向以服务为中心进行转变。

图 7　软件服务业的基本发展方向

（4）软件产业链整合模式将催生新的产业形态。

产业链整合是将传统的终端设备制造、软件开发、数字内容提供等产业环节进行重新组织，构建纵向一体化的产业链体系，向消费者提供基于智能终端的多元化、动态化、实时化的娱乐、消费、社交、资讯等服务。基于软件、内容和终端的产业链整合模式，首先在智能手机领域形成，并在平板电脑、互联网电视等领域迅速拓展，并逐渐向电视、汽车移动平台拓展。在广东，越来越多的软件服务企业也正在加速基于软件、内容与终端的整合转型中。基于云计算的基础软件、开发工具、应用软件、信息服务等新产品、新业态正在不断涌现，也必将重塑软件产业的格局。

附录二 广东软件服务业的发展思路、重点与对策

一、广东软件服务业的发展思路

《珠江三角洲地区现代信息服务业发展规划实施方案》（粤经信软信〔2010〕1134号）提出了促进软件产业发展的思路，指出要推动软件与制造联动发展，通过重大专项带动，攻克一批核心技术；加强产业链上下游互动，扩大国产本土软件的应用规模；建设完善公共服务平台，提升公共服务能力；通过培育应用环境，加强产业链合作，加快基地建设，布局支撑体系等多种手段并用，培育新型软件服务业。

1. 加强产业链上下游互动，扩大国产本土软件应用规模

软件企业之间应加强合作，形成利益共同体，共同规划产业链，上下游企业之间要加强相互交流，及时了解和掌握市场新需求、新变化。首先，整个产业链需要进行有效的整合，把整机厂商和嵌入式硬件、软件提供商相互整合，强调整个产业链上下游之间的相互合作。只有这样，才能进一步促进软件产业结构的调整。其次，要提升广东本土软件的核心竞争力，加快市场培育，扩大市场需求，进一步扩大本土软件的应用规模，以需求促进供给来带动广东软件产业的发展。

2. 建设完善软件公共服务平台，提升服务支撑能力

通过建立一流的公共服务平台，为软件企业提供一站式、全方位服务，帮助企业争取政府政策支持，协助企业组织各项软件成果及新产品的鉴定；为软件企业提供产品测试、质量保证、资质认证、技术咨询、人才培训等多种专业公共技术服务；积极引进风险投资，设立软件产业发展专项资金，为企业解决

资金瓶颈问题。支持建设省级以上软件技术中心,提升广东软件企业创新基础能力。加快建设一批重大软件产业创新平台,增强软件产业技术创新能力和产业发展共性支撑能力。

3. 加快基地建设,促进新型软件服务业集聚

积极建设各类软件服务园区、孵化器、创业园,对新建成的相关园区给予一定支持,并通过培育应用环境,加强产业链合作,加快基地建设,布局支撑体系等多种手段并用,加快培育新型软件服务业,吸引优势企业、优势项目和资金、人才、市场等资源向软件产业基地聚集,从而实现软件企业的资源整合、优势互补,促进软件企业走联合、协作道路,培育和延长产业链、价值链,推动产业和产品结构调整。

 **政策要点**

《广东省发展高端新型电子信息产业行动计划(2010—2012年)》指出要重点发展特色优势软件产业,并指出了发展软件产业的重点方向、重点技术、重点项目和产业布局。

重点方向:主要发展嵌入式软件、中间件、工业软件和行业解决方案、管理软件、工具软件以及软件服务外包,形成软件开发、应用合作联盟,完善产业链。

重点技术:着力发展高清数字媒体技术、智能手机操作系统技术、高效嵌入式软件技术和低功耗处理技术。重点研发具有自主知识产权的中间件平台和产品。大力突破三维CAD设计软件技术以及基于云计算大规模部署的ERP和安全软件技术。

重点项目:重点建设中间件等国家基础软件研发重大项目。重点支持高清数字电视、机顶盒、智能手机和家电嵌入式软件开发。推动三维CAD设计软件开发及产业化。促进行业应用软件整体解决方案在通信、电力、交通等领域全面应用。

产业布局:以广州天河软件园、珠海高新技术开发区南方软件园、深圳国家软件出口基地三大国家级软件产业(软件出口)基地为重点,发展壮大广州、深圳、珠海三大软件产业集群。

二、广东软件服务业的目标定位

《珠江三角洲地区现代信息服务业发展规划(2010—2020年)》(粤经信软

信〔2010〕713号）提出，到2015年，要将珠三角建设成为全国领先、国际知名的现代信息服务业聚集中心，并明确了软件服务业的发展目标。

1. 产业支撑功能显著增强

软件产业对传统产业转型升级和节能降耗支撑作用日益增强。要培育一批拥有自主知识产权的骨干工业行业软件企业和以支撑节能减排的软件产品和服务为主营业务的企业，计算机服务和软件业法人单位达到5万家。大幅提升软件服务收入占电子信息产业的比重。到2012年，嵌入式软件产业产值达到900亿元，信息技术服务收入达723.3亿元，年均增速超过20%。培育一批超亿元的重点工业软件企业，形成一批具有典型应用规模的行业应用解决方案。

2. 产业核心竞争力大幅提升

广东的软件产业核心竞争力大幅提升。突破一批软件核心技术并形成知识产权，建成一批名城、名园、名企和名牌。创建2个以上国家级软件名城、3~5个国家级软件和信息技术服务园区（基地）、2~3个国家级服务外包示范城市，打造一批具有较强影响力的软件产品和服务品牌。

3. 产业格局基本形成

以广州、深圳、珠海为核心的产业格局初成。广州主要形成以高端软件研发、电子商务、信息技术服务为核心的集聚格局，深圳重点发展支撑产业调整升级和技术创新的信息服务，珠海重点发展行业应用软件、数字媒体、动漫游戏游艺和电子商务，初步形成以广州、深圳、珠海为核心向外辐射的软件产业格局。

表1 珠三角九市2012年软件业务收入主要目标年度分解表

（单位：亿元）

	到2012年目标值	2007年	2008年	2009年	2010年	2011年	2012年	年均增长率
广州市	1401	149.18	247.19	582.20	781	1039	1401	34%
深圳市	2187	813.45	1165.77	1265.85	1519	1823	2187	20%
珠海市	123	85.55	70.17	81.03	93	107	123	15%
佛山市	35.5	6.1	3.5	24.8	27.8	31.4	35.5	13%
惠州市	9.5	0.34	4.48	5.78	6.82	8.05	9.5	18%

(续表)

	到2012年目标值	2007年	2008年	2009年	2010年	2011年	2012年	年均增长率
东莞市	15.2	5.3	7.7	9.0	10.7	12.8	15.2	19.1%
中山市	6.0	2.8	5.1	5.0	5.5	5.7	6.0	5%
江门市	2.3	0.1	0.2	1.1	1.4	1.8	2.3	28%
肇庆市	0.33	0.27	0.29	0.15	0.22	0.27	0.33	4%

数据来源：《珠江三角洲地区现代信息服务业发展规划实施方案》

表2 广东省主要软件服务业园区2012年目标值

	软件业务收入（亿元）	集聚软件和信息服务企业（家）	年业务收入超亿元的企业（家）	年业务收入超十亿元的企业（家）	年业务收入超百亿元的企业（家）
广州天河软件园	1008.7	1225	45	5	1
广州科学城现代信息服务业发展专区	30.6	320	15	3	—
深圳软件园	1920	1600	160	20	2
珠海高新区南方软件园	64	150	15	3	—
佛山南海网络创新创业集聚区	12	580	3	—	—
东莞莞城现代信息服务产业园	0.18	100	—	—	—

数据来源：《珠江三角洲地区现代信息服务业发展规划实施方案》

三、广东发展软件服务业的重点领域

《珠江三角洲地区现代信息服务业发展规划（2010—2020年）》里指出：要突破重点，提升嵌入式软件、工业行业软件、基础软件三大软件产业发展水平。

1. 嵌入式软件

鼓励嵌入式软件企业和整机制造企业加强合作，在移动通信、电子消费、

电子医疗、电子物流、LED等优势领域研发具有自主知识产权的嵌入式软件，提高对终端设备的配套能力。重点开发电动汽车、船舶电子、数控装置、智能测量仪表、工业机器人、机电一体化机械设备等领域的嵌入式软件。加快嵌入式软件在移动互联网、下一代通信网、"三网融合"的智能终端和"物联网"行业等领域的产业化应用。

2. 工业行业软件

鼓励软件企业积极研发具有行业特色的工业软件，促进工业企业实现研发设计及装备制造数字化、生产过程自动化和管理信息化，着力突破三维设计、企业级产品数据管理等高端工业软件技术，促进传统产业优化升级。大力开发金融、医疗、通信、电力、交通和物流等行业的整体应用解决方案，加强节能减排领域的软件研发和应用推广。大力发展面向电子政务、电子商务以及农村信息化、城市及社区信息化的应用解决方案。积极开发基于"物联网"的行业应用软件。

3. 基础软件

大力发展云计算中间件、网络中间件、信息集成中间件、商业智能中间件等业务中间件，重点加强面向服务架构（SOA）和业务流程管理的中间件，推动中间件向操作系统和数据库两端延伸，提升基础软件发展水平，形成面向行业应用的软件产品体系。发展协同管理办公软件和网络化的中文集成办公软件。着眼网络整体安全，开发信息安全防御、监测、加密、认证、审计等关键产品和服务，发展容灾备份、数字认证、安全风险及运维管理、网络访问管理等技术。优化发展环境，聚集一批国内外领先的基础软件研发企业。支持基础软件企业、应用软件企业加强与整机企业的合作。

表3 广东省高端新型电子信息产业重大项目——软件产业类（2010—2012）

项目名称	建设单位	建设内容及预计产值	总投资（亿元）	所在地区
基于SaaS模式办公软件的研发及产业化	珠海金山软件有限公司	基于SaaS模式，建立起一套完善、可靠、安全、跨平台和浏览器的多用户模式的文档交换与协作编辑平台。突破办公文档、数据库、Web页面之间数据集成与交换技术	1.8	珠海

(续表)

项目名称	建设单位	建设内容及预计产值	总投资（亿元）	所在地区
设计中国芯	广州中望龙腾软件股份有限公司	开发具有完全自主知识产权的具有全球领先技术的国产三维CAD/CAM软件	1.2	广州
基于3G应用的终端软件平台及无线监控解决方案	惠州立晶光电科技有限公司	集成3G CDMA手机软件嵌入式软件产品，为远程监控的图像传输提供高效率及高清晰的视频传输技术和系统解决方案	0.5	惠州
第二代多功能智能安全卡	珠海市金邦达保密卡有限公司	通过专有的芯片嵌入式软件、综合最新智能卡技术及传统的软件配合完成，采用内部高速随机存储器、扩展高速随机存储器等技术，提高防攻击能力	0.552	珠海
汽车智能化系统操作平台	惠州市天缘电子有限公司	实现智能交互、巡航控制、盲区监视、获取环境信息避免事故，集成3G互联网车载娱乐、汽车故障检测、车载信息检索和安全保障提醒等功能特色	1.5	惠州

资料来源：《广东省发展高端新型电子信息产业行动计划（2010—2012年）》（粤经信创新〔2010〕771号）

四、广东软件服务业布局

根据《珠江三角洲地区现代信息服务业发展规划（2010—2020年）》，广东软件服务业的发展要以广州、深圳、珠海等三个具有区域要素集聚优势的城市为中心，辐射带动广佛肇、深莞惠、珠中江三大经济圈的产业和技术提升，将珠三角打造成为特色鲜明的国际软件产业集聚基地和全国产业信息技术服务中心。

1. 形成产业集聚带

发展以高端软件产业和支撑传统产业改造升级的软件服务为特色的产业集

聚带，强化产业带之间和城市之间合作，形成两带产业优势互补、相互促进的协调发展格局。

（1）珠江口沿岸重点发展高端嵌入式软件。

在广州—东莞—深圳—珠海等珠江口沿岸地区，重点发展面向智能电子等产品的高端嵌入式软件业，推动软件研发企业向国家级、省级软件产业基地集聚；优先发展信息技术服务产业和基于"物联网"的行业应用软件和信息服务；培育壮大基于"三网融合"、移动互联网、下一代互联网等的新型增值信息服务；创新发展云计算服务，形成全国乃至国际重要的软件产业集聚地。

（2）珠三角西中东城市发展促进传统产业优化升级的工业行业软件。

在中山—江门—肇庆—佛山—广州—惠州等珠三角优势传统产业相对集中的城市，着重发展支撑家电、家具、五金、纺织服装等传统产业优化升级的工业软件和嵌入式软件业；大力发展支撑产业集群技术、能级提升的行业和区域公共信息技术服务。建成全国"两化融合"产业转型升级示范区和全国重要的产业信息技术高端服务中心。

2. 构建产业支撑载体

（1）建设一批软件名城。

打造国家级软件名城和服务外包示范城市，支持广州、深圳、珠海和中山创建"中国软件名城"。广州重点创建以新型网络增值服务、数字内容服务、装备制造数字化和电子商务服务为优势产业的综合服务型软件名城。深圳着力创建以通信服务、互联网产业和软件出口为优势产业的国际化、创新型软件名城。珠海、中山着力创建以数字娱乐、游戏游艺、行业信息技术服务等为优势产业的特色软件名城。广州、深圳加快建设国家服务外包示范城市，创建国际外包服务品牌。珠海、佛山、东莞等基础较好的城市，争创国家级服务外包示范城市。

（2）建设一批软件产业名园。

打造国际一流的国家级产业基地：发展壮大广州、深圳、珠海国家软件产业（软件出口）基地，打造国家火炬计划软件产业基地、国家"863软件专业孵化器"等国家级产业基地，进一步完善基础设施和公共技术平台建设，创新基地管理机制，提升产业集聚能力，争取更多的国家级产业基地落户珠三角，吸引符合产业导向的高端项目落户基地，不断壮大产业规模。

发展省级专业化产业园区：大力发展广州天河"超级计算机服务与应用聚

集区"、珠海高新技术开发区"软件与数字娱乐产业专业化园区"、佛山南海"网络创新创业集聚区"等省级现代信息服务产业园区，在珠三角各类国家级和省级开发区内，建设特色鲜明的省级专业园。将广州科学城、广东软件科学园等软件产业基地建设成为各具特色的软件服务企业聚集区。

（3）培育一批软件服务业名企、名牌。

培育国际知名服务企业：在珠三角具有产业优势的领域，培育一批具备核心技术和较强创新能力的知名龙头企业，发展一批中国软件百强企业和国家规划布局内重点软件企业，打造广东信息服务百强名企。

培育国际知名软件产品和服务品牌：鼓励企业不断通过技术创新、质量管理、市场推广、支持服务等方式树立良好的品牌形象，在新型网络增值服务、软件等领域，培育一批国际知名的软件产品和服务品牌。

（4）建立一批技术创新发展联盟。

建设技术创新发展联盟：以推进关键技术创新为目标，以企业、高等院校、科研院所为主体，在软件领域建立一批技术创新发展联盟。通过技术创新资源集成、关键技术联合开发、知识产权互惠共享等方式，形成技术攻关合力，突破产业发展关键技术瓶颈和国外知识产权壁垒，为产业整体发展提供有力支撑。在工业软件、行业应用解决方案等方面促进产业间渗透融合和市场供需双方的沟通衔接。

（5）建设和完善一批软件服务平台、中心。

打造珠三角软件服务支撑平台：大力提升省 LINUX（计算机操作系统）公共技术服务中心、省嵌入式软件公共技术服务中心等机构的公共服务能力。建设一批软件公共技术服务平台、服务外包公共支撑服务平台和嵌入式软件公共服务平台。引进国家级软件设计相关的公共技术开发、测试、集成验证平台落户珠三角。

建设国产软件及行业解决方案体验中心：面向珠三角钢铁、汽车、船舶、电子信息、石化、纺织等产业，在相关产业集群中部署建设行业应用软件和解决方案体验中心，推广国产优秀行业应用软件和解决方案。

建设高性能计算中心：在广州、深圳等具备发展条件的城市，建设高性能计算中心、网格计算平台、大型数据中心和容灾备份中心，大力发展面向华南地区的高端网络计算服务。

表 4　广东重点产业基地和项目布局——软件产业类

地区	重大项目和基地
省级部署	◎广东软件科学园（"国家 863 软件专业孵化器"）
广州	◎天河软件园〔国家软件产业基地（广州）〕 ◎广州科学城 ◎广州国家级服务外包示范城市
深圳	◎深圳软件园（国家软件产业出口基地） ◎国家超级计算深圳中心 ◎深圳国家级服务外包示范城市
珠海	◎珠海南方软件园〔国家软件产业基地（珠海）〕
佛山	◎广东（佛山）软件产业园 ◎广东省 RFID 产业（佛山）基地（RFID 为射频识别） ◎佛山南海云计算中心
江门	◎江门市 RFID 技术应用示范基地
东莞	◎东莞松山湖云计算电子信息创新平台 ◎国家软件与集成电路促进中心（东莞分中心）
中山	◎广东（中山）软件和数字家庭产业孵化基地 ◎中山市 RFID 技术应用示范基地 ◎中山市嵌入式软件园
惠州	◎惠州软件科学园
肇庆	◎肇庆中巴软件园

资料来源：《珠江三角洲地区现代信息服务业发展规划（2010—2020 年）》

五、广东发展软件服务业的政策建议

1. 大力推进中国软件名城和软件服务示范基地的创建工作

应充分利用国际、国内两种资源和两个市场发展软件产业，将广东省建设成为国内重要的软件产业基地。继续加强国家（广州）软件产业基地、国家（珠海）软件产业基地和国家（深圳）软件出口基地的建设力度，发挥国家软件产业基地的龙头带动和辐射作用，以点带面形成以广州、深圳和珠海为核心，涵盖珠江东岸和珠江西岸的软件产业基地布局，推动广东软件经济圈规模化发展。建设一批紧密结合各地产业结构高级化发展需求的省、市级软件专业化基地，使特色软件园区成为行业自主创新的主体，努力形成产业结构高级化、产业发展集聚化、产业竞争力高端化的软件产业发展格局。

2. 面向国内外市场，推动软件产业国际化

（1）重视国内市场。

庞大的国内消费市场带动了广东软件产业的蓬勃发展，因此要重视面向国内的市场，重点开拓应用软件及服务、嵌入式软件等业务。通过大力发展应用软件及服务，促进广东省经济和社会的信息化，推动传统产业的优化升级。要利用嵌入式软件提高信息设备制造业自主知识产权比重，加快信息设备的升级换代。

（2）积极参与国际分工。

充分利用改革开放前沿阵地优势，加强与中国港澳台地区、东盟国家的合作，把软件产业国际化战略放在重要的位置，加快实施"走出去"和"引进来"战略，积极主动参与国际分工，吸引国际软件巨头落地。条件成熟的企业可以和外企建立合作研发中心，加快学习国际顶级软件公司的技术，提升自身的技术竞争力，借助对方在全球的品牌优势和强大的客户资源与渠道优势，加速开拓国际软件外包市场。同时，政府应建立软件出口促进和服务体系，通过软件出口加快软件生产、技术和国际接轨，推动产业的国际化。

案例分析

粤港软件服务外包的新"前店后厂"模式

（一）粤港发展软件产业具有优势互补的基础。

近年来，由于CEPA政策及相关规定，一大批香港金融服务、软件企业已开始加速进入广东。为转移香港的部分业务，汇丰银行、东亚银行、瑞士联合银行、东方海外货运公司等都到广东设立数据处理中心和软件研发中心。200多家香港软件公司在深圳设立了分支机构，此外，100多家企业正在商讨设立分支机构；许多香港公司在广东设立了客户呼叫中心等。同时，广东的许多软件企业和产品也已经进入香港市场，再通过香港进入国际市场。不少广东企业在从事国际软件外包方面已经积累了很好的经验和基础。

香港的优势：①香港发展软件外包产业的历史较长、发展潜力大；②香港

承包公司的国际化程度高；③香港信息产业的整体实力强。广东珠三角的优势：①软件外包产业的基础好、发展快；②近年来，日本、德国等国家来我省设立企业，拓展服务外包业务；③跨国公司是服务外包的主体；④地理位置优越，毗邻香港，面向亚太。

（二）粤港发展软件产业实现优势互补——新"前店后厂"模式。

"前店后厂"曾经生动地描述了珠江三角洲地区与港澳地区经济合作中地域分工与合作的独特模式。新时期粤港软件外包合作服务可以尝试一种新"前店后厂"模式。所谓"前店"，是指软件外包产业接单的"窗口"，主要依托堪称国际信息中心的香港，这个"窗口"不仅是华南地区信息市场，而且是全球信息市场的"接口"；而软件外包产业的加工和延伸部分主要在广东，其中以珠江三角洲经济区最为重要。软件外包领域的"前店后厂"合作，与制造业的"前店后厂"不完全相同。香港作为"前店"，首要的功能当然就是"接单"。另一主要功能是通过香港金融中心的优势筹集和引进支撑软件外包产业发展的资金。"前店"的第三个主要功能是"信息"，软件外包市场的主要资源是"信息"，香港是国际信息中心，占有广阔的信息源，如能往香港或澳门延伸，或者加盟港澳地区有实力的信息机构，必将能直接面向国际信息市场，以提高自身水平。"前店"的形式可以包括软件外包业的决策中心、营运中心、市场研究中心等"软体"部位；"后厂"的形式可以包括遍及全国的信息网络、计算中心（数据库和信息处理系统）等"硬件"部位以及大批软件开发人才。

（三）粤港优势互补共同开拓软件外包的国际市场。

香港未来的角色定位，主要是成为软件服务外包的理想中介，提供在商业、语言、信息科技、项目管理、方案提供、金融等方面的高端人才需要及专业服务；而广东为香港提供了融资平台及香港与更多内地国际服务外包企业的合作机会，从而为香港创造了更多商业机遇。在两地政府及有关机构的大力推动下，粤港更应更充分地结合两地优势，共同推进服务外包，联手打造全球有竞争力的服务外包基地。

资料来源：蒋涌. 论粤港软件服务外包的新"前店后厂"模式. 特区经济，2010（6）

3. 落实投融资政策和推行税收优惠政策

国务院发布的《进一步鼓励软件产业和集成电路产业的若干政策》（又称

"新18号文")明确指出,可以通过创业引导投资基金、建立贷款风险补偿机制、政策性金融机构支持等方式,鼓励各方资金对软件企业进行投资。除了落实"新18号文"的相关政策以外,广东还应通过建立市场化的投融资机制,鼓励和吸引科技风险投资机构,特别是海外风险投资机构对软件产业进行投资,鼓励民间资本投资软件产业。与此同时,积极帮助软件企业完成上市前的培育、改制等工作,推荐符合条件的软件企业上市,为软件企业在国内外上市融资创造条件。推行税收优惠政策,吸引软件产业创新要素。

4. 培养和引进各类软件人才

一是鼓励国(境)内外高等院校、教育机构、著名软件企业按国家有关规定合作办学或建立软件职业培训机构,多层次、多形式培养软件人才,形成软件产业人才培养体系。二是加强软件企业博士后科研工作站和重点实验室、研究开发基地的建设,创造科研条件,吸纳一批高素质人才从事软件技术的研究开发工作,加强对核心技术及其产品的研究攻关,建设一支能跟踪国际软件产业先进技术,具有较强的科研创新能力和新产品开发能力的高素质的人才队伍。

5. 利用政府采购促进广东本土软件发展

一是政府采购制度的完善。进一步完善政府采购政策和程序,探索实施政府首购制度,通过政府采购、首购等方式,积极使用广东本土企业自主研发的软件。二是政府采购软件产品的倾斜。凡由政府主导或以财政资金投入为主的软件或信息化工程项目,同等条件下向自主研发和本土化软件产品倾斜。各级政府部门要带头使用正版软件,加强对软件资产的管理。政府投资的计算机应用系统项目,编制工程预算时,应将软件与技术服务作为单独的预算项目,经费一般不低于总投资的35%,并确保到位,鼓励优先采用本土软件。

6. 实施大企业战略,积极培育龙头企业

通过实施大企业战略,推动广东软件产业不断朝规模化、优质化和服务化发展。优化发展环境,通过加大财税支持、缓解融资困难、拓宽服务渠道、促进结构调整等政策,大力培育软件龙头企业。在全省范围内重组大型企业集团,引导支持一批有条件的软件企业到省外、国外兼并收购或强强联合,以提升软件企业研发和专业服务水平,并最终形成市场向大企业集中、产品向服务型转化、技术向国际前沿推进的态势。

7. 全力推进软件服务业的自主创新

（1）引导和支持企业加大创新投入，为企业发展提供全方位的服务。

引导和支持企业加大创新投入，建设一批以企业为主体，以市场为导向的软件技术中心，掌握产业关键核心技术，开发拥有自主知识产权的产品和应用，为软件产业技术进步提供支撑，有效提高企业自主创新能力。加强软件技术成果交易、投融资、专利申报、市场拓展、知识产权保护等中介服务体系建设，为企业发展提供全方位的服务。

（2）建设软件产业公共服务平台，建立资源共享机制。

按照政府引导、企业为主、市场运作的模式，建设软件产业公共服务平台，建立资源共享机制。加大政府对软件产业共性关键技术研发资金的投入，开发建设软件公共研发平台、公共企业孵化平台，开展专业化服务，有效降低软件人才和中小企业的创业创新成本。

 政策要点

《珠江三角洲地区现代信息服务业发展规划实施方案》提出推动软件产业发展的四大措施

1. 以项目带动提升软件创新能力。争取国家电子发展基金、核高基、中小企业创新基金、国家重大产业技术开发等重大专项，支持我省嵌入式软件、工业行业软件、基础软件领域企业研发具有自主知识产权的产品与服务。开展培育发展软件和集成电路设计产业100强企业工作。结合我省关键领域重点突破项目、省工业攻关科技计划项目、国家及省技术改造项目等重大专项，支持嵌入式软件、工业行业软件和基础软件技术及产品研发，制定发布支持指南。省战略性新兴产业、现代服务业发展和现代信息服务业发展等专项支持产业基地、人才培训、招商引资，以及带动产业发展的重大项目建设。

2. 加强应用推广完善产业链条。推动骨干企业、专业机构、行业协会、产业园区、重点高校、科研院所多方参与组建省部产学研技术创新及应用联盟，围绕产业重点，开展相关标准研究、技术攻关和产业化推广。面向金融、医疗、通信、电力、交通、物流等行业建设行业应用软件和解决方案体验中心，争取成为国家级示范项目。在广东省家电、家具、五金、纺织服装等优势传统产业推荐一批优秀工业软件和嵌入式软件产品，支撑传统产业改造提升。

3. 加强平台建设提高服务能力。省战略性新兴产业专项、现代服务业发展、现代信息服务业发展专项面向产业基地倾斜，支持建设软件产品检测中心、软件公共技术服务平台和嵌入式软件公共服务平台。引进国家级软件和集成电路设计相关公共技术开发、测试、集成验证平台落户珠三角。认定以嵌入式软件和工业行业软件开发、验证测试、产业融合孵化为基本内容的公共服务平台，争取列入国家平台资助计划。制定出台公共服务平台认定标准及相关扶持政策，争取成为国家软件公共服务平台。

4. 布局发展特色软件产业。引导广州、东莞、深圳、珠海重点发展面向智能电子等产品的高端嵌入式软件业，中山、江门、肇庆、佛山、广州、惠州重点布局发展支撑家电、家具、五金、纺织服装等传统产业优化升级的工业软件和嵌入式软件业，将珠三角地区建成全国"两化融合"产业转型升级示范区。积极争取国家高技术服务业示范基地落户，更多优秀软件企业成为国家规划布局内的重点企业。

参考文献

第一章

[1] 刘毅,何炼成. 软件产业国际价值链和软件外包. 西北工业大学学报(社会科学版),2006(6)

[2] 丁俊,陈力. 从软件产业链角度论软件产业的发展. 软件导刊,2006(6)

[3] 2009年软件服务业投资策略报告. 申万研究,2008(12)

[4] 陈蕾. 软件产业演进基本理论问题探讨. 商业时代,2011(10)

[5] 王如镜、孙华灿. 软件产业外包发展模式演进路径分析. 商业时代,2009(16)

第二章

[6] 刘家雍. 软件服务化是大势所趋. 软件世界,2006(6)

[7] 王建平等. 软件产业国际化内涵和特征分析. 软件世界,2004(10)

[8] 周扬等. 全球软件外包产业发展格局研究. 扬州职业大学学报,2007(3)

[9] 蓝伟东. 印度软件产业兴起的理论探讨——产品价值链上的高端定位及全球价值链驱动选择. 对外经贸事务,2009(2)

[10] 孙宇清,孟祥旭. 印度软件产业发展的思考. 国际学术动态,2006(2)

[11] 代志华. 软件产业发展模式国际比较及借鉴. 商业研究,2004(8)

[12] 徐建伟等. 优势、创新与俘获型价值链突破——以爱尔兰、印度软件产业发展为例. 经济地理,2010(2)

第三章

[13] 李德升. 我国软件产业发展的财税政策研究[D]. 财政部财政科学研究所,2012

[14] 臧旭恒,徐向艺,杨蕙馨. 产业经济学[M]. 北京:经济科学出版社,2004

[15] 金碚. 新编工业经济学[M]. 北京:经济管理出版社,2005

网站资料:

[16] 赛迪网 http://www.ccidnet.com/

[17] 工业和信息化部网站 http://www.miit.gov.cn

[18] 电子信息产业统计网 http://www.tj-ei.org.cn
[19] 中国软件行业协会 http://www.csia.org.cn
[20] 中华会计网校 http://www.chinaacc.com

第四章

[21] 郑仕杰. IBM公司软实力分析及其启示 [D]. 暨南大学, 2008
[22] 江永保. 微软公司发展战略研究 [D]. 复旦大学, 2009
[23] 王希. 微软公司的互联网业务战略探索 [D]. 上海交通大学, 2009
[24] 许欣. IBM服务产品化创新战略的研究 [D]. 上海交通大学, 2011
[25] 胡加齐. 微软公司计划改变销售模式 [N]. 中国贸易报, 2000-08-24 (003)
[26] 张相林. 微软公司人才甄选策略及启示 [J]. 中国人才, 2009 (15): 67-69
[27] 许晔等. IBM"智慧地球"战略与我国的对策 [J]. 中国科技论坛, 2010, 04: 20-23
[28] 杨晓婷. IBM (中国) 公司产品销售渠道分析与设计 [D]. 河北工业大学, 2007
[29] 范先明. 从文化的角度解读华为成功之谜 [J]. 特区经济, 2007 (9): 283-286
[30] 陈姝. 华为中兴驳斥美国"威胁论" [N]. 深圳商报, 2012-10-09 (A02)
[31] 胡波, 贾小琴, 本刊记者 陈梅. 创新: 华为公司崛起的动力 [N]. 安徽经济报, 2006-06-15 (004)
[32] 百度百科 http://baike.baidu.com
[33] 维基百科 http://zh.wikipedia.org
[34] Oracle 网站 http://www.oricle.com
[35] 用友官方网站 http://www.yonyou.com
[36] 中软公司网站 http://www.css.com.cn

第五章

[37] 丁俊等. 从软件产业链角度论软件产业的发展. 软件导刊, 2006 (6)
[38] 赛迪网. 后危机时代的中国软件与服务产业大势, 2010-3-16
[39] 侯玉. 看大连的微笑曲线——大连软件产业创新发展解码. 中国经济和信息化, 2010 (11)
[40] 李辰. 印度软件产业的缺陷看我国软件产业的发展. 改革与开放, 2010 (7)
[41] 李德升. 我国软件产业发展的财税政策研究 [D]. 财政部财政科学研究所, 2012
[42] 世经未来. 2012年软件行业风险分析报告 [R]. 世经未来研究报告, 2012

第六章

[43] 李穆南. 北京软件和信息服务业发展模式研究 [D]. 首都经济贸易大学, 2012
[44] 张宇馨, 徐枫. 关于北京软件外包发展的思考 [J]. 江苏商论, 2010 (3): 60-62
[45] 华金秋, 李丽. 北京、广东、上海软件产业比较研究 [J]. 北京工商大学学报 (社会科学版), 2007 (4): 112-116

[46] 王分棉，林汉川. 北京软件产业国际化发展研究 [J]. 北京市经济管理干部学院学报，2007，03：3-10

[47] 周激流等. 成都软件产业人才有效供给的实践探索 [J]. 成都大学学报（自然科学版），2008（3）：242-246

[48] 易默涵. 大连软件产业集群发展问题研究 [D]. 大连交通大学，2008

[49] 毕秀晶. 上海软件产业空间区位研究 [D]. 华东师范大学，2010

[50] 梁晶，于艳华. 大连软件产业竞争力的评价研究 [J]. 科技管理研究，2013（8）：64-67

[51] 孙长青. 上海软件产业竞争力分析 [D]. 华东师范大学，2006

[52] 陈俊贤. 成都软件产业外向发展问题研究 [D]. 西南财经大学，2007

附录一

[53] 黄建宏. 广东软件产业创新 SWOT 分析. 经济论坛，2009，6（13）

[54] 李丽等. 广东软件产业发展研究. 商业时代，2007（2）

[55] 广东省现代信息服务业研究院. 2008-2010 年广东软件和信息服务业发展报告. 广东软件，2010（9）

[56] 专家进言嵌入式——产业链互动+政策扶持. 中国电子报，2006-11-14

[57] 王荣彬. 遵循产业变革规律. 创新发展北京软件产业. 赛迪网，2007-6-14

附录二

[58] 广东省经济和信息化委员会. 珠江三角洲地区现代信息服务业发展规划实施方案. 粤经信软信〔2010〕1134 号，2010-12-30

[59] 广东省经济和信息化委员会. 广东省发展高端新型电子信息产业行动计划（2010—2012 年）. 粤经信创新〔2010〕771 号，2010-8-25

[60] 广东省经济和信息化委员. 珠江三角洲地区现代信息服务业发展规划（2010—2020 年）. 粤经信软信〔2010〕713 号，2010-8-3

[61] 蒋涌. 论粤港软件服务外包的新"前店后厂"模式. 特区经济，2010（6）

[62] 世经未来. 2012 年软件行业风险分析报告 [R]. 世经未来研究报告，2012